Bernhard Irlinger

Wanderungen für Langschläfer auf Mallorca

30 erlebnisreiche Halbtagstouren

J. BERG

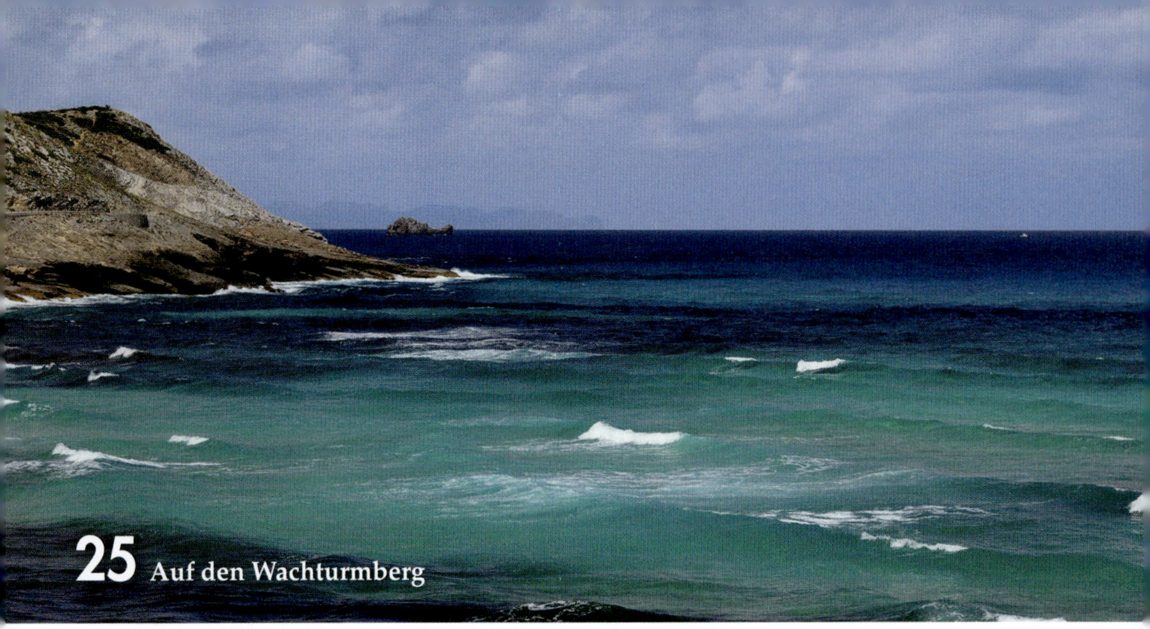

25 Auf den Wachturmberg

Inhalt

Der Nordosten 72

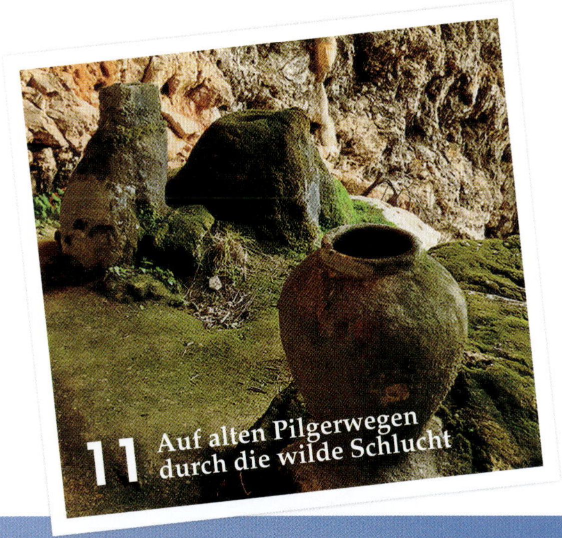

11 Auf alten Pilgerwegen durch die wilde Schlucht

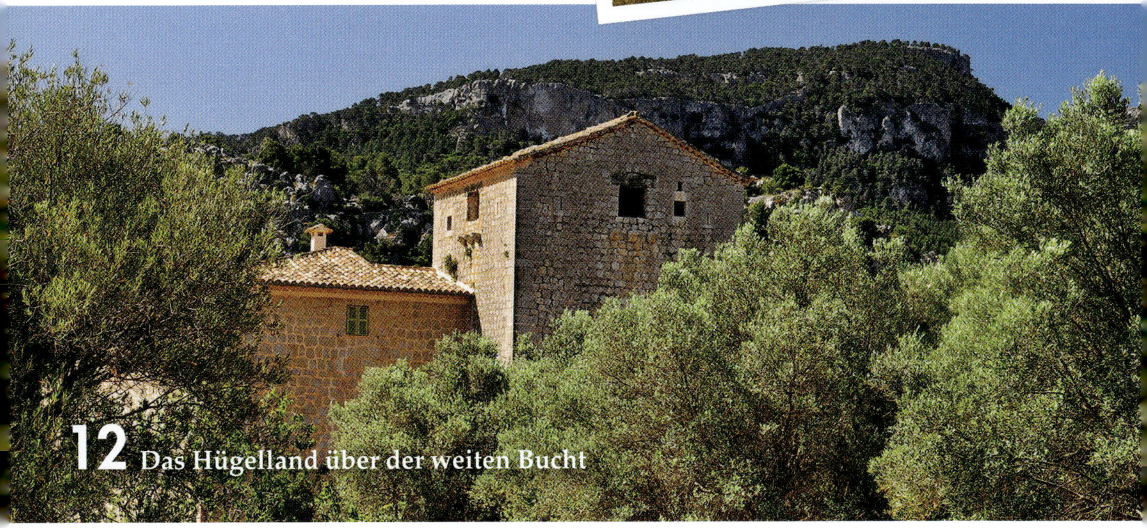

12 Das Hügelland über der weiten Bucht

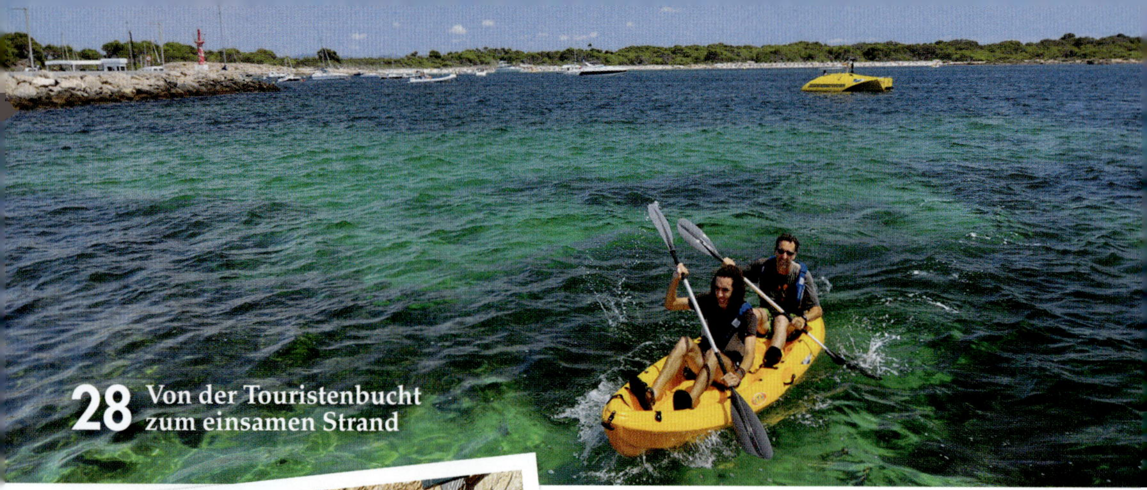
28 Von der Touristenbucht
zum einsamen Strand

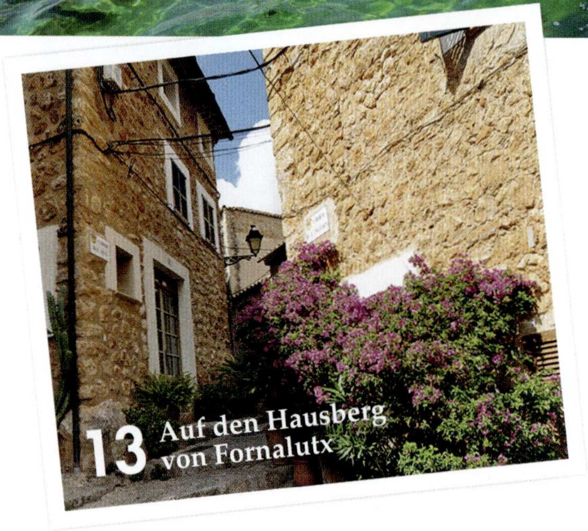
13 Auf den Hausberg
von Fornalutx

Tourenüberblick

Tour			km	Hm								
1	●	Von der Höhlenbucht zum einsamen Leuchtturm	5 km	150 Hm	2 Std.	•		•	•		•	
2	●	Alter Wachturm und himmelhohe Klippen	5 km	200 Hm	2.15 Std.		•	•			•	
3	●	Wenig Aufwand für grandiose Ausblicke	3 km	220 Hm	1.30 Std.				•			•
4	● ●	Zum Kloster über der Traumküste	2,5 km/ 9 km	150 Hm/ 400 Hm	1 Std./ 3 Std.	• •	•	• •				• •
5	●	Panoramablick vom westlichsten Tausender	5 km	450 Hm	3 Std.				•			
6	●	Einsame Köhlerwege über Esporles	5 km	400 Hm	2.45 Std.	•		•		•		•
7	●	Schattiger Genießerweg an der Küste	9 km	200 Hm	2.30 Std.	•	•			•	•	•
8	●	Aussichtspunkte über der Nordküste	5 km	500 Hm	3 Std.	•				•		•
9	●	Die Araberfestung auf dem Tafelberg	5 km	330 Hm	2.30 Std.	•	•	•				
10	●	Vom Herrenhaus zur durchlöcherten Halbinsel	5,5 km	280 Hm	2.30 Std.	•	•	•			•	•
11	●	Auf alten Pilgerwegen durch die wilde Schlucht	5 km	370 Hm	2.45 Std.	•		•				•
12	●	Das Hügelland über der weiten Bucht	5,5 km	210 Hm	2 Std.	•	•			•	•	•
13	●	Auf den Hausberg von Fornalutx	4 km	300 Hm	2.15 Std.		•					
14	●	Auf das »Matterhorn« Mallorcas	5 km	300 Hm	2.45 Std.				•			•
15	● ●	Wilde Schlucht und einsamer Piratenausguck	5,5 km/ 2 km	100 Hm/ 260 Hm	1.45 Std./ 1.30 Std.	•	•		 •	•	•	• •
16	●	Wälder und Karstfelsen am berühmten Kloster	8,5 km	250 Hm	3 Std.	•	•	•		•		•
17	●	Von der Altstadt auf den Klosterberg	3,5 km	270 Hm	1.45 Std.	•	•	•		•		•
18	●	Panoramatour an der wilden Nordküste	6,5 km	250 Hm	2.30 Std.	•	•	•	•		•	•
19	●	Durchs Vogeltal zur Traumbucht	5,5 km	150 Hm	2 Std.	•	•		•		•	•
20	●	Einsamer Klippenberg auf der Formentor-Halbinsel	3 km	380 Hm	2.30 Std.				•		•	
21	● ●	Stille Bucht und wilder Felsberg	3 km/ 5 km	180 Hm/ 350 Hm	1.15 Std./ 2.45 Std.		•			•	• •	
22	● ●	Auf der Halbinsel von Alcúdia	4 km/ 4,5 km	230 Hm/ 310 Hm	2 Std./ 2 Std.	• •	 •	• •		•		
23	●	Auf dem Pilgerweg zum Bergkloster	5 km	300 Hm	2.30 Std.		•	•				•
24	●	Traumstrände am Piratenausguck	10,5 km	160 Hm	3 Std.	•	•	•	•		•	
25	●	Auf den Wachturmberg	5 km	300 Hm	2.30 Std.	•	•				•	•
26	●	Kletterfelsen und einsame Buchten	6 km	200 Hm	2.30 Std.		•		•		•	
27	●	An der Felsenküste	7,5 km	120 Hm	2.15 Std.	•	•		•		•	•
28	●	Von der Touristenbucht zum einsamen Strand	11 km	200 Hm	3.15 Std.			•	•		•	
29	●	An der Südspitze Mallorcas	7 km	50 Hm	2 Std.		•		•		•	
30	●	Zum einsamen Felsenkap	10 km	150 Hm	3 Std.	•	•		•		•	•

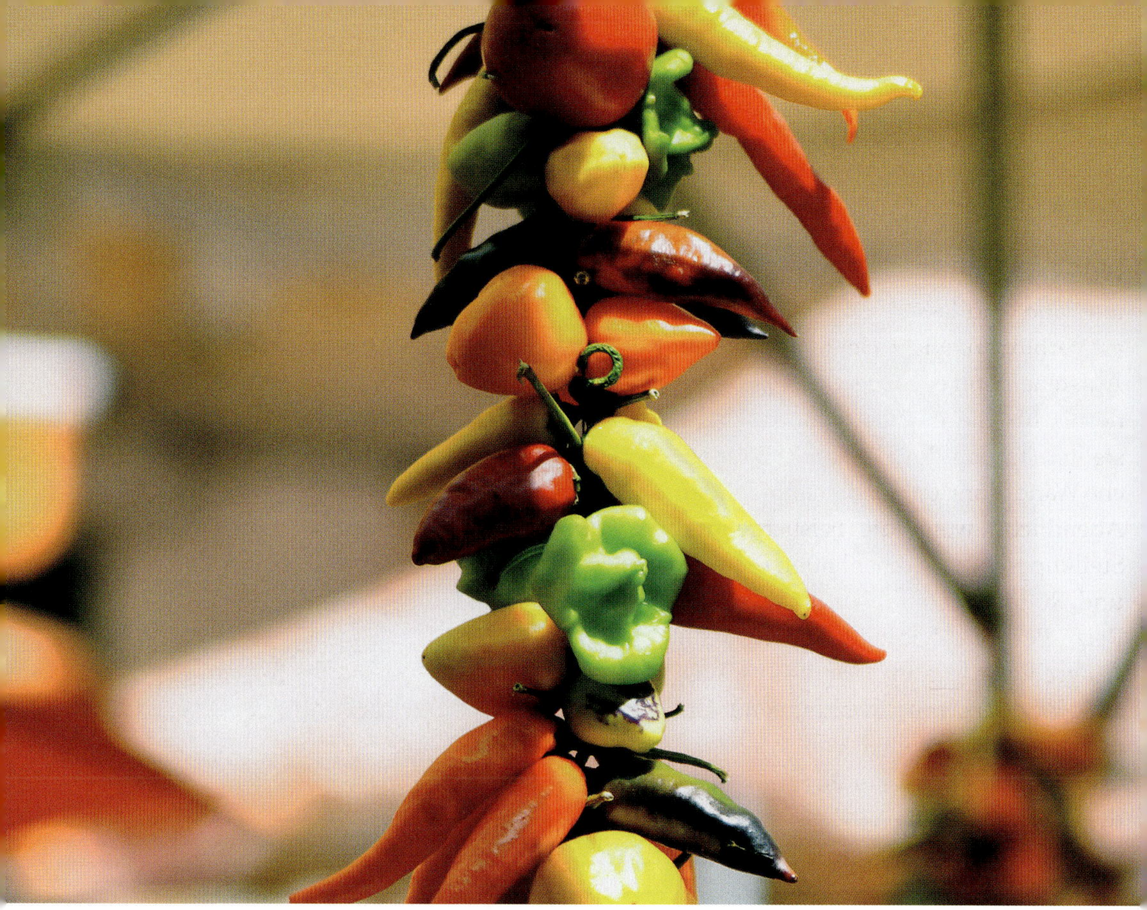

Heimische Produkte bestimmen das Bild auf den mallorquinischen Bauernmärkten.

Vorwort

Das Image einer reinen Badeinsel hat Mallorca schon lange abgestreift, und von Jahr zu Jahr entdecken mehr Naturfreunde die abwechslungsreiche und berauschend schöne Landschaft der Insel. Schnell ist man vom mediterranen Licht gefangen, das Küsten und Berge in südliche Farben taucht. Über alten Städten, malerischen Dörfern und trutzigen Fincas ragen wilde Felsberge in den wolkenlosen Himmel.
Auf Klippen und Bergen wachen seit Jahrhunderten Signaltürme über die einsamen Küsten und Strände. Vorbei an knorrigen Olivenbäumen, blühenden Mandelbäumen oder duftenden Orangen- und Zitronengärten führen alte, steingepflasterte Wege durch die verzauberte Landschaft. In der hoch aufragenden Gebirgskette der Serra de Tramuntana gewähren imposante Gipfel grenzenlose Ausblicke, und tief in die Berge geschnittene Schluchten und dunkle Karsthöhlen wecken die Lust auf Abenteuer.

Natürlich sind all diese Schönheiten, die man erst abseits ausgetretener Touristenpfade unverfälscht und in vollen Zügen genießen kann, nicht ohne ein wenig Mühe zu erleben. Doch viele Wanderungen auf Mallorca erfordern keinen großen Zeitaufwand und lassen sich perfekt mit der mediterranen Lebensart verbinden. Nicht Hektik ist gefragt, sondern Genuss! Spätes Aufstehen und ein ausgedehntes Frühstück sind daher kein Hindernis für die in diesem Buch vorgestellten Touren. Im Gegenteil: So manche Wanderung entfaltet erst im milden Abendlicht, wenn die Felsberge und Steilklippen in märchenhaften Orange- und Rottönen erstrahlen, ihren vollen Reiz. Perfekte Bedingungen also für Langschläfer, die im Urlaub ihre Lust aufs Wandern mit Erholung und Genuss verbinden wollen!

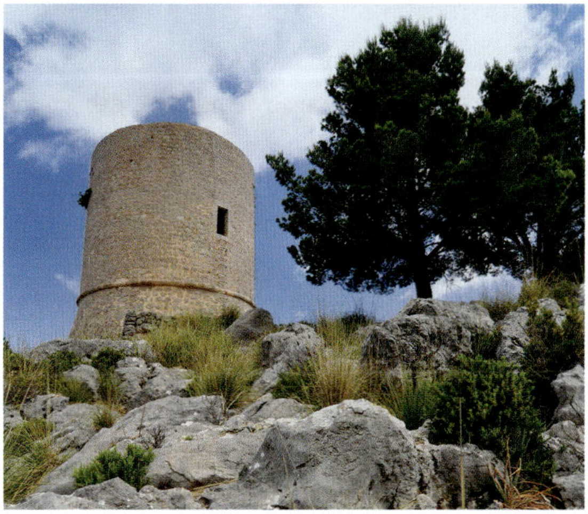

Zahlreiche Türme wachten einst über die Küsten Mallorcas (Tour 15).

Die vorgestellten Touren sind über die gesamte Insel verteilt und decken ganz unterschiedliche Anforderungen ab. Sehr einfache Familientouren sind ebenso enthalten wie schwierige Gipfelbesteigungen für erfahrene Bergsteiger. Es gibt Wanderungen durch stille Wälder, auf aussichtsreiche Berge, zu wilden Klippen und zu einsamen Traumstränden. Allen Touren gemeinsam ist jedoch die kurze Wanderzeit von maximal drei Stunden. Natürlich muss man zusätzlich noch Pausen einplanen, um die herrlichen Ausblicke genießen zu können oder so manche Sehenswürdigkeit zu erkunden. Trotzdem eignen sich diese Touren als Nachmittagsunternehmungen.

Zu guter Letzt noch ein Tipp: Die Wanderungen sind nicht nur für Langschläfer, sondern auch für Frühaufsteher bestens geeignet – diese sind dann vor der größten Mittagshitze wieder zurück am Ausgangspunkt und können nachmittags die Seele baumeln lassen.

So oder so – immer hat man nach den Wanderungen noch genug Zeit, um Tag für Tag alle Facetten der Trauminsel Mallorca intensiv zu erleben.

Viel Spaß beim Entdecken wünscht Ihnen
Ihr Bernhard Irlinger

Einleitung

Ausrüstung

Für alle in diesem Buch vorgestellten Wanderungen benötigt man festes Schuhwerk mit guter Profilsohle, denn die Wege und Steige auf Mallorca sind oft steil und steinig. Teleskopstöcke entlasten nicht nur beim Abstieg die Gelenke, mit ihrer Hilfe kann auf verwachsenen Wegen auch so manch kratziger Strauch zur Seite gedrückt werden.

Nicht nur im Sommer, sondern auch im Frühjahr und Herbst kann die Sonne stechend sein. Guter Sonnenschutz – Sonnencreme, Sonnenbrille und eventuell eine Kopfbedeckung – und eine ausreichende Getränkeversorgung sollten daher auch auf kurzen Touren selbstverständlich sein! Andererseits können gerade in der Nebensaison niedrigere Temperaturen in Verbindung mit kräftigem Wind den Körper schnell auskühlen. Warme und windfeste Kleidung gehört dann neben einer kleinen Notfallausrüstung mit Verbandsmaterial unbedingt mit in den Rucksack.

Atemberaubender Tiefblick auf die Nordküste vom Mirador de Can Costa (Tour 8)

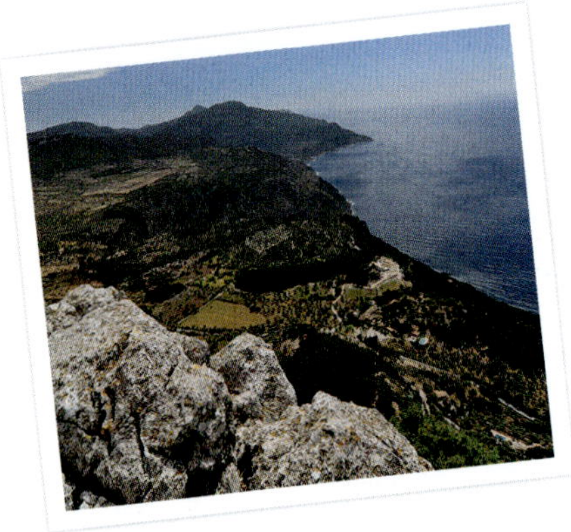

Für zusätzliche Sicherheit sorgt ein Handy, um im Notfall schnell Hilfe rufen zu können (Notrufnummer 112). Eine Taschen- oder Stirnlampe eignet sich nicht nur für das Alpine Notsignal (im Wechsel 6 Lichtsignale in 1 Min. und 1 Min. Pause), sondern mit ihrer Hilfe kann man auch einen abenteuerlichen Abstecher in eine der vielen Höhlen und Grotten am Wegesrand machen.

Zu guter Letzt sollte man auf vielen der vorgestellten Touren nicht die Badesachen vergessen, um die bezaubernden Strände und Buchten in vollen Zügen genießen zu können.

Wanderregeln und Wegmarkierungen

Die Hinweisschilder »Propiedad particular« oder »Prohibido el paso« verbieten das Überqueren von privatem Grundbesitz. Um unliebsame Begegnungen zu vermeiden, sollte man sich unbedingt daran halten! Auf einigen Wanderungen ist das Mitführen von Hunden ausdrücklich verboten, gern gesehen sind sie fast nirgendwo. Durchquert man Tore, sollte man sie in dem Zustand

zurücklassen, wie man sie vorgefunden hat – verschlossene werden also wieder geschlossen, und offene bleiben offen.
Ein absolutes No-Go in der oftmals ausgetrockneten Landschaft ist offenes Feuer! Lagerfeuer und weggeworfene Zigaretten haben viele der Waldbrände verursacht, die in der mallorquinischen Natur unheilbare Narben hinterließen. Auf viel begangenen Wegen findet man immer öfter Wegweiser und Markierungspfosten – meist heißt es jedoch genau nach Farbpunkten und Steinmännern Ausschau zu halten. Grundsätzlich gilt: Überschätzen Sie nicht Ihre Fähigkeiten, denn das Bergland und die Küsten Mallorcas sind oft steiler und gefährlicher, als man denkt.

Wetter und Wanderzeit

Vom Frühjahr bis in den Herbst hinein herrscht auf Mallorca relativ stabiles Schönwetter. Gerade in der Nebensaison ziehen jedoch des Öfteren Schlechtwetterfronten mit teils heftigen Gewitterregen über die Insel. Dann können durch ausgetrocknete Schluchten plötzlich tosende Wildbäche brausen, und man sollte schnellstmöglich Schutz vor den Blitzen suchen. Tief liegende Wolken machen dann im Bergland eine Orientierung auf den schmalen, verwachsenen Pfaden unmöglich. Auch auf Mallorca gilt: Nur bei sicherem Wetter in die Berge aufbrechen!
Die beliebteste Wanderzeit ist das Frühjahr. Bei meist angenehmen Temperaturen steht die Natur der Insel in voller Blüte, und auf den hohen Bergen glitzern noch die letzten Schneereste. In dieser Jahreszeit muss man allerdings öfter mit schlechtem Wetter rechnen als in den Sommermonaten. Allerdings liegt im Sommer oftmals eine drückende Hitze über dem ausgetrockneten Land. Mit gutem Sonnenschutz und einer ausreichenden Flüssigkeitszufuhr lässt es sich aber auch in dieser Zeit gut wandern. An der Küste kann man die Badefreuden in den einsamen Buchten ausgiebig genießen, und an den höheren Gipfeln sorgt der Wind für Abkühlung. Oder man verschiebt seine Aktivitäten einfach in die Abendstunden, denn die Tage sind nun lang.

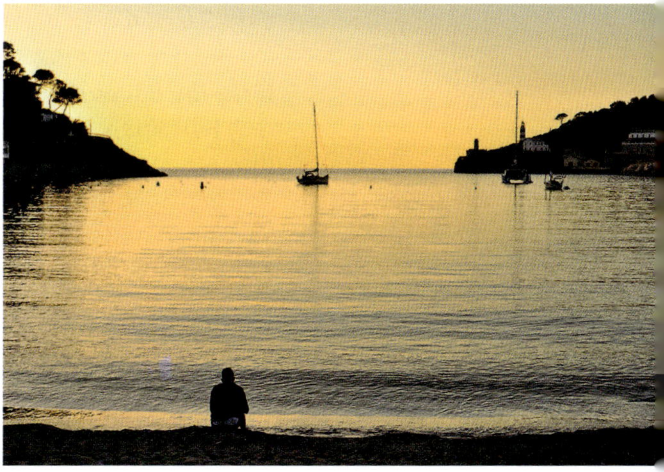

Abendromantik in der Bucht von Port de Sóller (Tour 12)

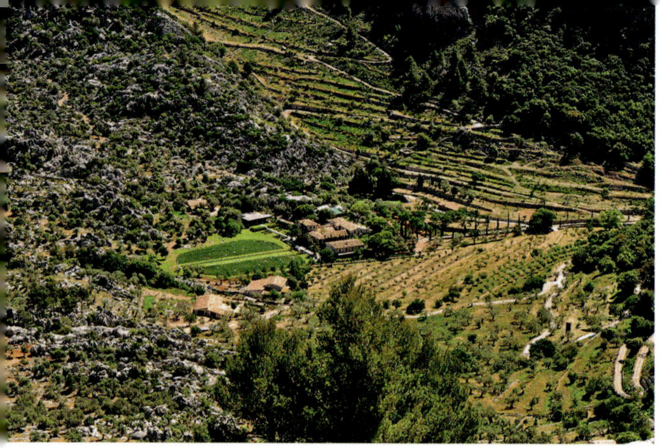

Vom Puig de sa Bassa geht der Blick hinab zu einer einsamen Finca (Tour 13).

Einen guten Kompromiss bietet der Herbst. Die Luft ist jetzt wieder klarer, und die Blicke reichen weit über die Insel – und das vom Sommer aufgeheizte Meer lockt zu einer Badepause. Je näher man zeitlich gesehen den niederschlagsreichen Spätherbst- und Wintermonaten kommt, desto unbeständiger wird das Wetter nach und nach. Einen ganz besonderen Reiz bietet in den leider oft recht kühlen und wechselhaften Monaten Februar und März die Mandelblüte.

Wanderkarte

Die Kompass-Wanderkarte Nr. 230 »Mallorca« im Maßstab 1:75 000 (ISBN 978-3-99044-640-9) deckt die gesamte Insel ab und bietet einen guten Überblick über die Wandermöglichkeiten. Sie leistet außerdem als Autokarte perfekt Hilfe bei der Suche nach den Ausgangspunkten der jeweiligen Touren. Für eine exakte Wegsuche ist sie aber meist zu ungenau.

Viel besser geeignet sind da die Wanderkarten von Editoral Alpina im Maßstab 1:25 000 (mit Begleitbuch), die mit drei Blättern allerdings nur die Serra de Tramuntana abdecken (Tramuntana Sud, ISBN 978-84-8090-385-1; Tramuntana Central, ISBN 978-84-8090-484-1; Tramuntana Norte, ISBN 978-84-8090-346-2).

Mietwagen und Verkehrsregeln

Örtliche und internationale Autovermieter bieten ihre Dienste an. Die meisten Autoverleiher verlangen vom Mieter ein Mindestalter von 21 Jahren und den Besitz des Führerscheins von einem Jahr und länger. Wer ein Fahrzeug mieten möchte, der sollte dies schon vor Antritt der Reise von zu Hause aus tun, denn so kann man in Ruhe das beste Angebot auswählen. Achten Sie unbedingt auf die Gesamtkosten – eine Vollkaskoversicherung ohne Selbstbeteiligung sollte mit eingeschlossen sein. Die Höchstgeschwindigkeit beträgt in Spanien innerorts 50 km/h, auf Landstraßen 90 km/h und auf Autobahnen 120 km/h. Die Alkoholgrenze von 0,5 Promille wird scharf überwacht. In Ortschaften signalisieren gelbe Randsteine eine Parkverbotszone und blau markierte einen gebührenpflichtigen Parkbereich.

Lassen Sie keine Wertgegenstände sichtbar im Auto liegen. Fahren Sie auf den oftmals kurvigen und engen Strecken, auf denen auch schnelle Motorräder und breite Busse unterwegs sind, defensiv – so kommen Sie stressfrei und gesund an Ihr Ziel.

Öffentliche Verkehrsmittel

Mallorca besitzt ein relativ dichtes Busnetz. Trotzdem sind wirkliche Langschläfer-Touren kaum mit öffentlichen Verkehrsmitteln zu realisieren – abgesehen von einigen wenigen Hauptrouten verkehren dazu die Busse in viel zu großen Abständen, und selbst kurze Touren werden so zu einer tagesfüllenden Unternehmung.
In der Wandersaison erreichen in den beliebtesten Regionen die Busse so manches Mal ihre Kapazitätsgrenze, und überzählige Wanderer werden dann nicht mehr mitgenommen (Fahrplanauskunft unter www.tib.org/es/inicio).
Diese Probleme hat man nicht auf der Bahnstrecke von Palma nach Sóller bzw. auf der häufig befahrenen Trambahnlinie von Sóller nach Port de Sóller. Allerdings erreicht man per Schiene nur die Wanderung Nr. 11 in diesem Buch (Fahrplanauskunft unter www.trendesoller.com).

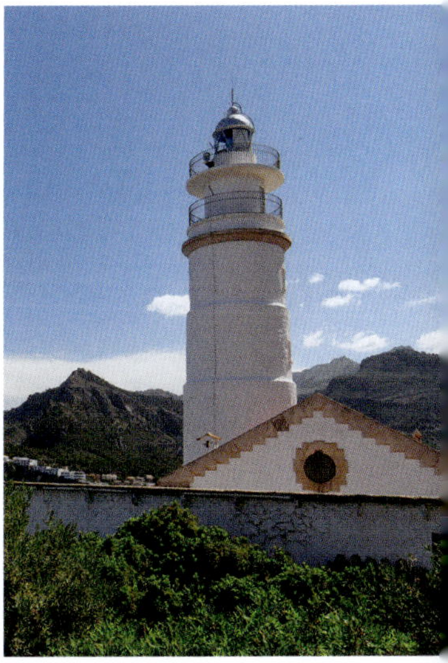

Der Leuchtturm am Cap Gros bewacht die Bucht von Port de Sóller (Tour 12).

Auskunft

In Deutschland gibt es spanische Fremdenverkehrsämter in Berlin, Frankfurt und München (www.spain.info/de), in Österreich in Wien und in der Schweiz in Zürich (www.spain.info/de/ausland/spanischesfremdenverkehrsbuero-wien-oesterreich bzw. -zuerich-schweiz).
Das Hauptbüro des mallorquinischen Fremdenverkehrsverbandes O.I.T. (Oficinas de Informatión Turística), das für die ganze Insel zuständig ist, befindet sich in Palma an der Plaça de la Reina 2 (Tel. 0971/173990). Auf der Homepage www.masmallorca.es sind alle O.I.T.-Büros auf der Insel aufgeführt. Man findet sie in den meisten größeren Dörfern und in den Städten entlang der Küste und in der Serra de Tramuntana. Hier wird man mit Informationsmaterial versorgt und bekommt Auskünfte, z. B. zu Busverbindungen, Öffnungszeiten und Unterkünften.
Hilfreich bei der Urlaubsplanung sind auch private Websites, wie z. B. www.mallorca-onlineguide.de.

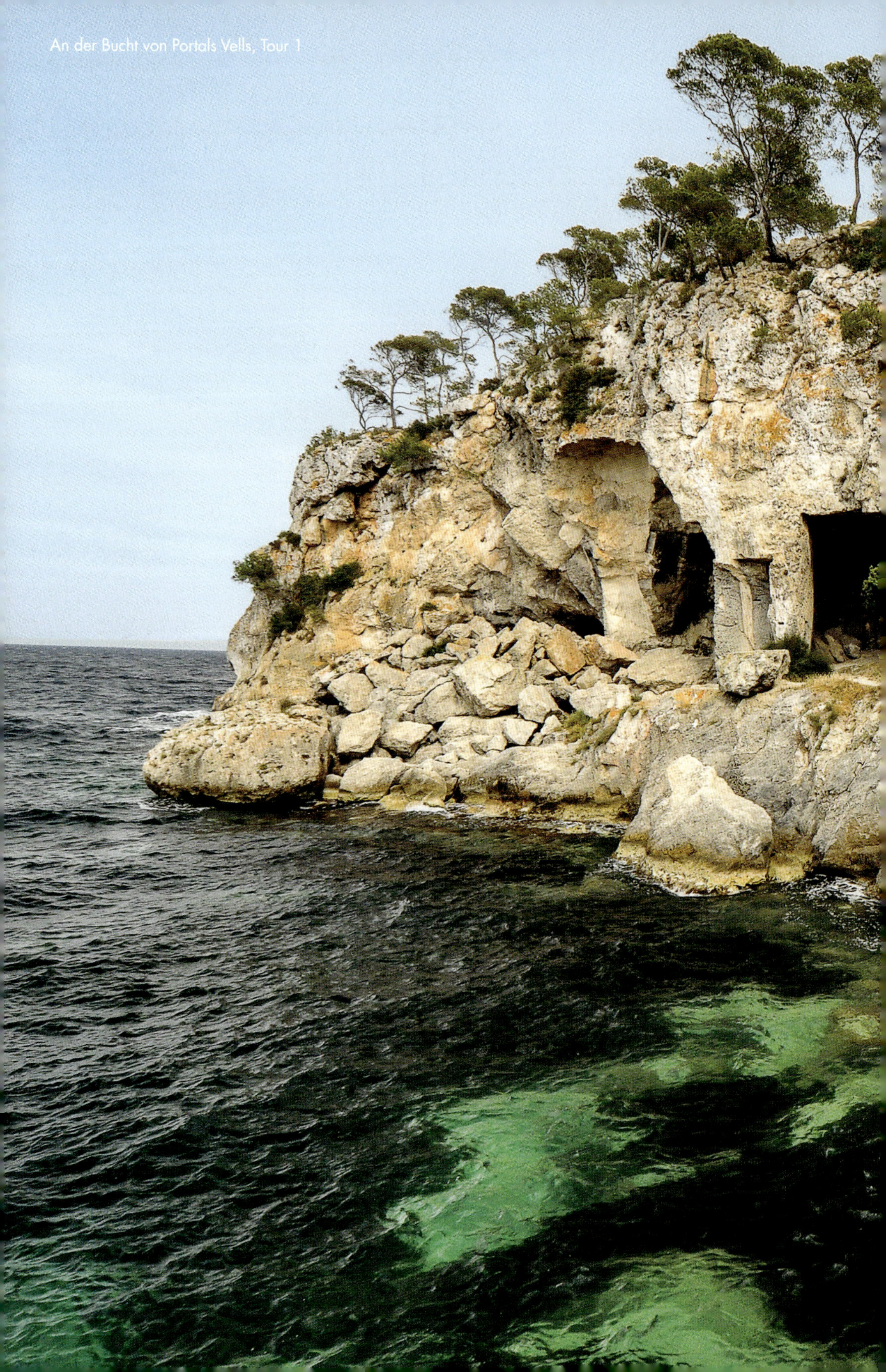

An der Bucht von Portals Vells, Tour 1

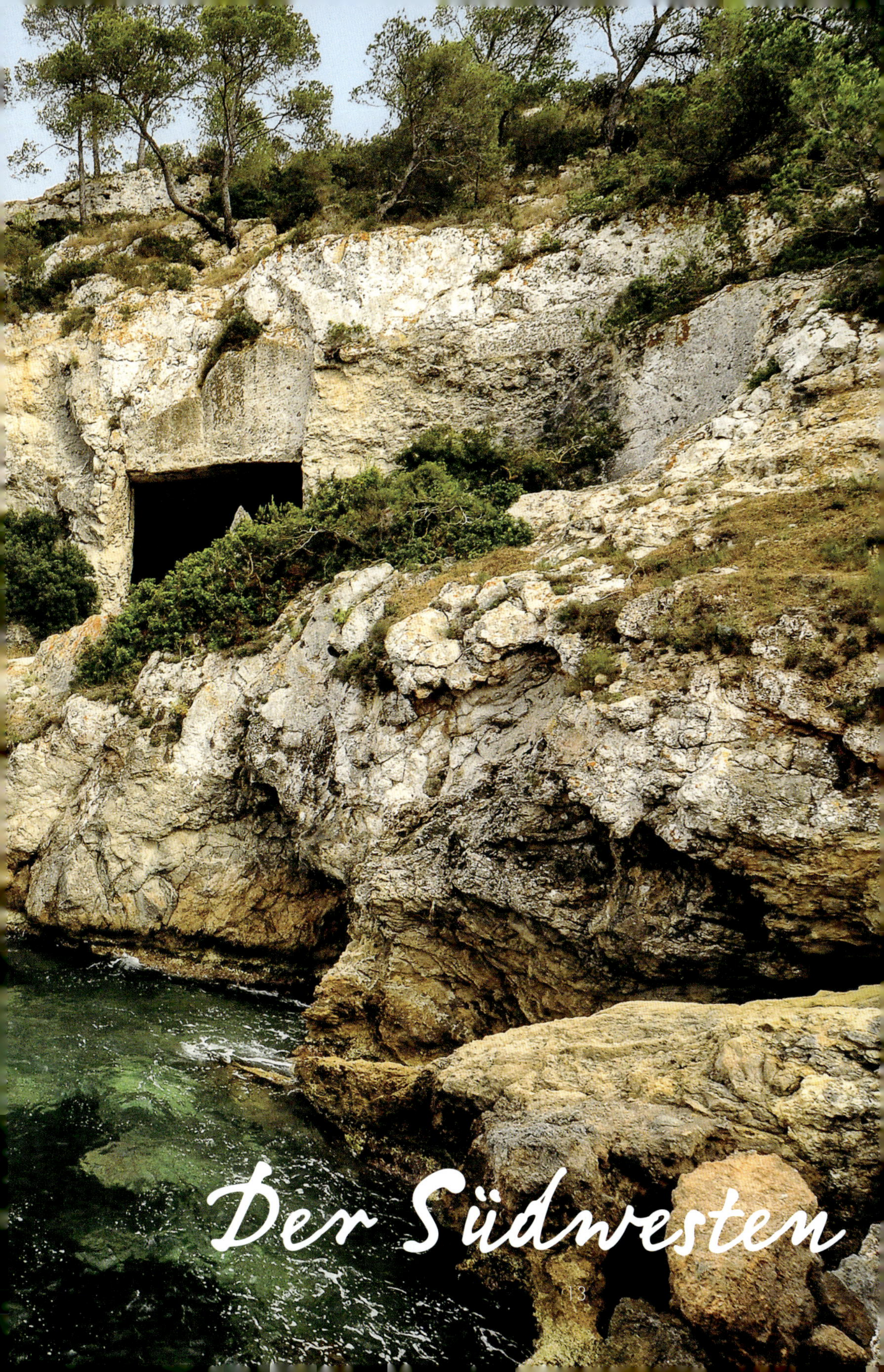

Der Südwesten

1 Von der Höhlenbucht zum einsamen Leuchtturm

Zum Cap de Cala Figuera

Mittel	5 km	150 Hm	2 Std.

Tourencharakter
Eine aussichtsreiche Wanderung entlang steil abfallender Klippen. Am Cap de Cala Figuera breite Wege, auf der übrigen Strecke meist schmale, steinige Steige. Der Abstieg in die Cala Figuera führt über abschüssige Felsplatten und verlangt ein wenig Trittsicherheit. Am Ende der Tour schöne Bademöglichkeit in der Bucht von Portals Vells

Markierung
Steinmänner und gelbe und blaue Punkte

Ausgangs-/Endpunkt
Parkplatz an der Bucht von Portals Vells (39.472 / 2.519)

Anfahrt
Auto: Man verlässt die Küstenstraße Ma-1 an der Ausfahrt 14 Magaluf/el Toro und folgt der Hauptstraße geradewegs über mehrere Kreisverkehre und am großen Aquapark vorbei Richtung Son Ferrer. Nach einer Tankstelle zur Linken knickt die Hauptstraße nach rechts ab. Hier geradewegs auf die schmale, nach Portals Vells ausgeschilderte Nebenstraße und zum Schluss auf breiterer Straße abwärts zum Parkplatz am Strand von Portals Vells. Bus & Bahn: Keine öffentlichen Verkehrsmittel

Karte
Kompass-Wanderkarte 1:75 000 Nr. 230 »Mallorca«

Einkehr
An der Bucht von Portals Vells

Einem mittlerweile aufgelassenen militärischen Sperrgebiet haben wir es zu verdanken, dass die Halbinsel am Cap de Cala Figuera unverbaut blieb. So kann man bis heute entlang der einsamen Felsküste zum aussichtsreichen Kap mit dem fotogenen Leuchtturm wandern.

Auf dem Küstenweg zur Cala Figuera Wir beginnen die Tour direkt an der Platja Portals Vells. Wir gehen rechts an der Bucht entlang auf die gut auszumachenden Grotten zu, erreichen einen kleinen Strand und steigen über Stufen zu einer Wegkreuzung hinauf. Links führt der deutliche Weg weiter zu den Grotten, denen wir am Ende der Wanderung einen Besuch abstatten werden. Wir wenden uns zuerst jedoch nach rechts und folgen nach wenigen Metern einem schmalen, mit blauen Punkten markierten Steig, der zwischen zwei Felsblöcken hangaufwärts führt.

Nach einer flacheren Passage erreichen wir eine alte Erschließungsstraße, der wir nach links folgen. Für den Rückweg prägen wir uns am besten den Abzweig der Wegspur ein, der am Randstein mit Farbpunkten markiert ist.

Nach kurzer Strecke kann man links über einen sandigen Parkplatz einen Abstecher zur nahen Punta de Xisclet machen, von der man eine herrliche Sicht auf die Bucht von Portals Vells hat.

Wir folgen an der Kreuzung noch wenige Meter dem nach rechts knickenden Sträßchen und biegen dann links in einen Nebenweg, der direkt an der Steilküste endet. Von hier bietet sich ein weiter Panoramablick über die riesige Bucht von Palma de Mallorca. Im Süden markiert der Leuchtturm am Cap de Cala Figuera das Ziel unserer Wanderung.

Wir folgen jetzt dem schmalen Wanderweg nach rechts, der uns nahe den steil abfallenden Klippen zu einem breiteren Weg führt. Auf ihm gehen wir kurz links abwärts. Oberhalb der felsigen Cala en Beltran biegen wir rechts auf ein mit blauem Punkt gekennzeichnetes Weglein, das nach kurzer Strecke einen dicht bewachsenen Torrent quert.

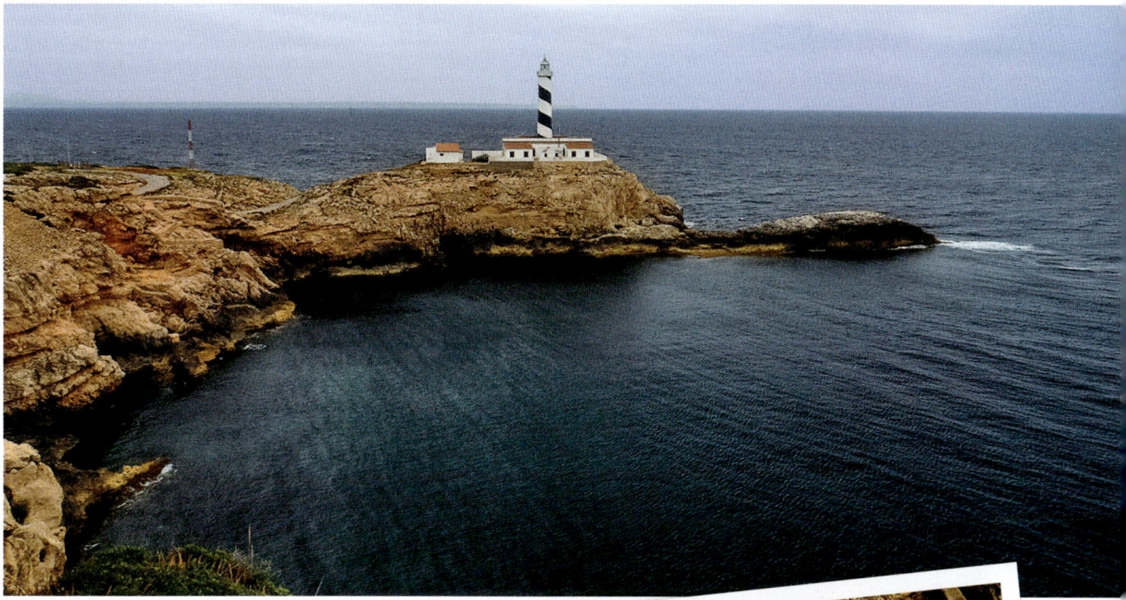

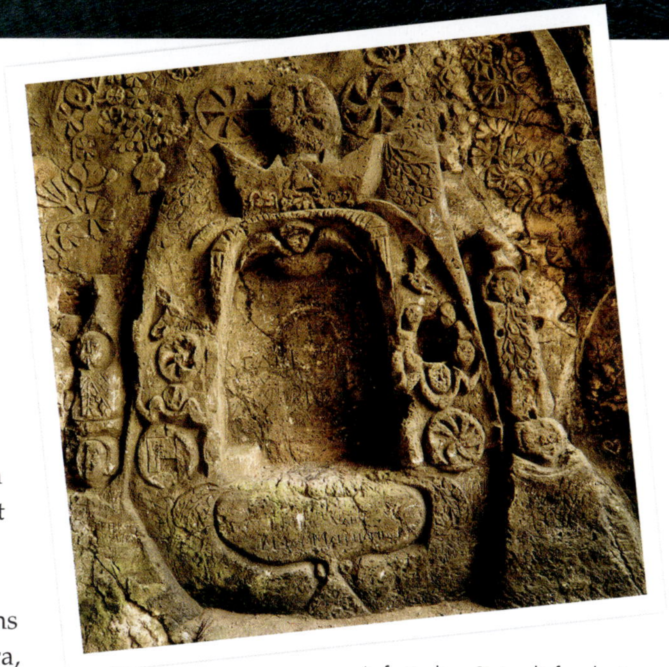

Der Weg verzweigt sich dann und führt links etwas näher an der Küste oder rechts etwas einfacher im Landesinneren zur Cala Figuera. Unterhalb alter Steinbrüche finden beide Varianten, die jeweils mit Steinmännern gekennzeichnet sind, wieder zusammen. Hier kann man wenige Meter unterhalb des Weges eine Zisterne mit Brunnen entdecken, an der sich einstmals die Steinbrucharbeiter mit Wasser versorgten.

Zum Cap de Cala Figuera Vor uns liegt jetzt die schmale Cala Figuera, die wie ein kleiner Fjord ins Land geschnitten ist. Der folgende Abstieg durch die steil zur Bucht abfallenden Felsen ist die Schlüsselstelle der Tour, für die man etwas Trittsicherheit mitbringen sollte. Geleitet von zahlreichen gelben Punkten queren wir etwa zehn Meter oberhalb der Bucht auf schräg abfallenden Felsen zu einer Grotte. Auf in den Stein geschlagenen Stufen steigen wir von dort in die nahe Cala

Aufwändige Steinreliefs schmücken die Wände der Höhlen von Portals Vells.

Ganz oben: Nur zu Fuß ist das Cap de Cala Figuera mit dem Leuchtturm zu erreichen.

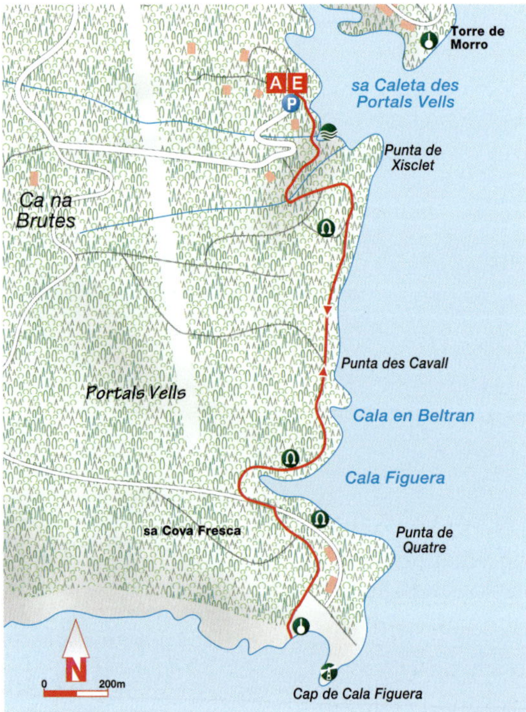

Die Höhlen von Portals Vells

Drei riesige Felsportale durchlöchern oberhalb der Bucht von Portals Vells die Steilklippen. Sie sind die Eingänge zu einem unterirdischen Steinbruch, in dem man seit dem Mittelalter Sandstein abbaute, der u. a. beim Bau der Kathedrale von Palma verwendet wurde.

Ihren Namen »Ses Coves de Mare de Dèu« (Höhlen der Muttergottes) verdankt die schummrige Grotte einer verehrten Marienstatue. Bis die Figur 1866 nach einem Felssturz in eine eigens für sie gebaute Kapelle ausgelagert wurde, war die Höhle von Portals Vells ein beliebter Pilgerort.

Figuera hinab, die leider häufig durch angeschwemmtes Material verunstaltet ist.

Jenseits helfen uns auf den ersten felsigen Metern wieder Trittstufen aufwärts. Auf deutlichem Pfad geht es an zwei kleinen Grotten vorbei im Zickzack aufwärts. Auf einem mühevoll in den Fels geschlagenen Steig erreichen wir schließlich eine schmale Teerstraße, der wir nach links folgen. Auch hier merken wir uns für den Rückweg den Abzweig auf den schmalen Steig.

Vorbei am Wachhäuschen wandern wir in das ehemalige Militärgelände am Cap de Cala Figuera. Nach knapp 200 Metern biegt der Hauptweg nach links zum eingezäunten Leuchtturmgelände. Wir wechseln hier geradeaus auf einen groben Wirtschaftsweg, der uns zum alten Piratenausguck am Cap de Cala Figuera bringt. Vom halb verfallenen Turm bietet sich uns ein herrlicher Ausblick über das Felsenkap mit dem Leuchtturm bis zu den weit entfernten Klippen auf der Ostseite der gewaltigen Bucht von Palma. Nach einer ausgiebigen Rast wandern wir auf dem bekannten Weg zurück zur Bucht von Portals Vells, wo wir nun noch die beeindruckenden Grotten erforschen. Ein Bad in der herrlichen Bucht bildet den angenehmen Abschluss der Tour.

Alter Wachturm und himmelhohe Klippen

2

Rundtour am Cap Andritxol

Die Halbinsel, die sich Richtung Cap Andritxol ins Meer streckt, verwöhnt den Wanderer mit unterschiedlichsten Eindrücken: Vorbei an einem 1580 erbauten Wachturm geht es zu den atemberaubenden Steilklippen am Kap, und zum Abschluss lockt eine bezaubernde Bucht mit Badevergnügen.

Der Panoramaweg zum Cap Andritxol Am Ende des Waldparkplatzes oberhalb der Cala Fornells gehen wir an einer Schranke vorbei auf einen breiten Wirtschaftsweg, der uns durch den Wald führt. Nach kurzer Strecke knickt das Kiessträßchen links hinab zum Caló d'en Monjo, und wir sehen hoch oben unser erstes Etappenziel, den alten Wachturm auf dem Bergkamm. Wir gehen hier geradeaus und folgen nach wenigen Metern dem links

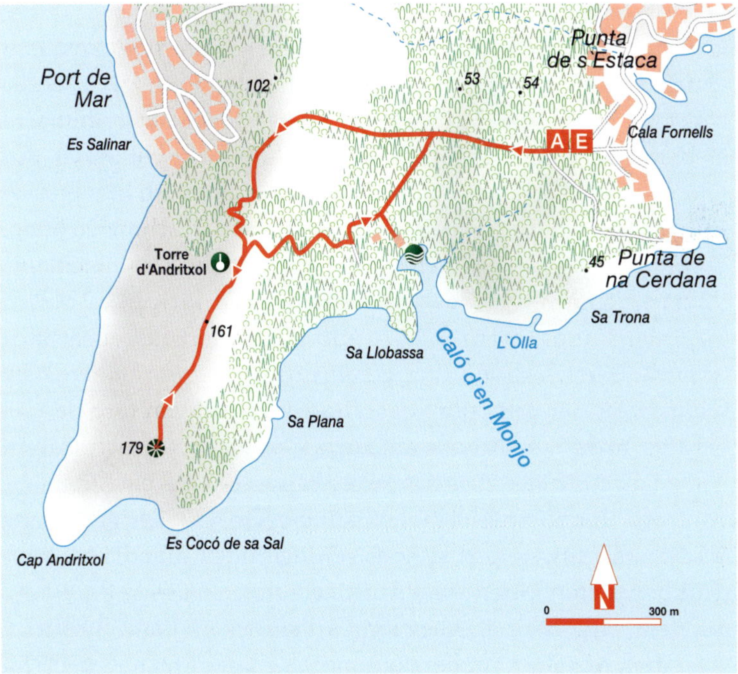

Mittel | 5 km | 200 Hm | 2.15 Std.

Tourencharakter
Am Beginn und am Ende verläuft die Tour auf breiten Forststraßen; großteils folgt man jedoch steinigen, schmalen Wanderwegen. Der Direktabstieg zum Caló d'en Monjo ist steil und rutschig und nur trittsicheren Wanderern anzuraten.

Markierung
Steinmänner und gelbe Farbpunkte

Ausgangs-/Endpunkt
Waldparkplatz oberhalb der Cala Fornells (39.531 / 2.435)

Anfahrt
Auto: Man biegt zwischen Peguera und Andratx an der Ausfahrt Paguera/Es Camp de Mar von der Ma-1 auf die C-719. Nach 1 km wird der Abzweig nach Camp de Mar ignoriert, und man erreicht am Ortsrand von Peguera einen großen Kreisverkehr. Hier folgt man rechts der Beschilderung Richtung Cala Fornells. In Cala Fornells an einem Stoppschild rechts auf die Carretera Cala Fornells, die abwärts zur Küste führt. An der Kreuzung zwischen den Hotels an der Cala Fornells knickt die Straße nach rechts und führt aufwärts zum Waldparkplatz am Ende der Straße. Bus & Bahn: Keine öffentlichen Verkehrsmittel

Karte
Kompass-Wanderkarte 1:75 000 Nr. 230 »Mallorca«

Einkehr
In Cala Fornells

Rechte Seite oben: Der aussichtsreiche Weg zum Cap Andritxol führt über einen felsigen Bergrücken.

ansteigenden Weg, der Richtung »Torre« ausgeschildert ist. Nach 100 Metern geht es geradeaus über einen Querweg. Der Steig wird nun steiler und steiniger und führt uns unter Schatten spendenden Bäumen in einer Talmulde aufwärts zu einer Kreuzung auf dem Bergkamm. Wir folgen dem Wegweiser zum Cap Andritxol nach links. Rechts oder links des hohen Zauns, den einst das Topmodel Claudia Schiffer errichten ließ, steigen wir auf dem Bergkamm aufwärts. Nach oben hin wird das Gelände steiler, und der Weg windet sich in Kehren bergan.

Wir erreichen eine Gabelung und folgen dem rechten Weg, der uns direkt zum nahen Torre d'Andritxol führt. Von hier bietet sich uns auf beiden Seiten ein herrlicher Blick auf die Küste und zu den Bergen im Südwesten Mallorcas.

Vom Turm folgen wir den Wegspuren über den felsigen Bergrücken und queren anschließend durch den Zaun zum steinigen Weg, der zum Cap Andritxol hinausläuft. Er führt kurz abwärts in einen schwach ausgeprägten Sattel; sanft geht es danach auf sehr grobem und felsigem Weg hinauf zum Cap Andritxol. Dort erwartet uns eine herrliche Aussicht über die wild zerrissene Küstenlinie und ein atemberaubender Tiefblick über die 180 Meter hohen, senkrecht abfallenden Klippen hinab auf das tiefblaue Meer.

Der Kampf um den Wanderweg

Im Jahr 1997 erwarb das deutsche Supermodel Claudia Schiffer den Westteil der Andritxol-Halbinsel und ließ sich eine luxuriöse Finca erbauen. Entlang der Grundstücksgrenze wurde ein hoher Zaun errichtet, der den alten Wanderweg zum Cap Andritxol zerschnitt. Nach massiven Protesten ist der Weg nun wieder begehbar. Das Model ließ sogar den auf ihrem Grund gelegenen Wachturm renovieren. 2005 verlor sie das Interesse an dem Anwesen und verkaufte es.

Zur Traumbucht Caló d'en Monjo

Vom Cap Andritxol wandern wir auf dem bekannten Weg über den Bergrücken zurück Richtung Turm. Diesmal folgen wir aber nicht den Wegspuren zum Torre d'Andritxol, sondern bleiben diesseits des Zauns auf dem besseren Weg. Ungefähr auf Höhe des Turms erreichen wir einen Wegweiser. Hier geradeaus auf dem Hauptweg dem Wegweiser Richtung Camp de Mar folgend, würden wir den vom Aufstieg bekannten Weg erreichen, auf dem wir zum Ausgangspunkt zurückwandern könnten. Nach dem Abstieg vom Bergkamm träfen wir dann auf die Kies-

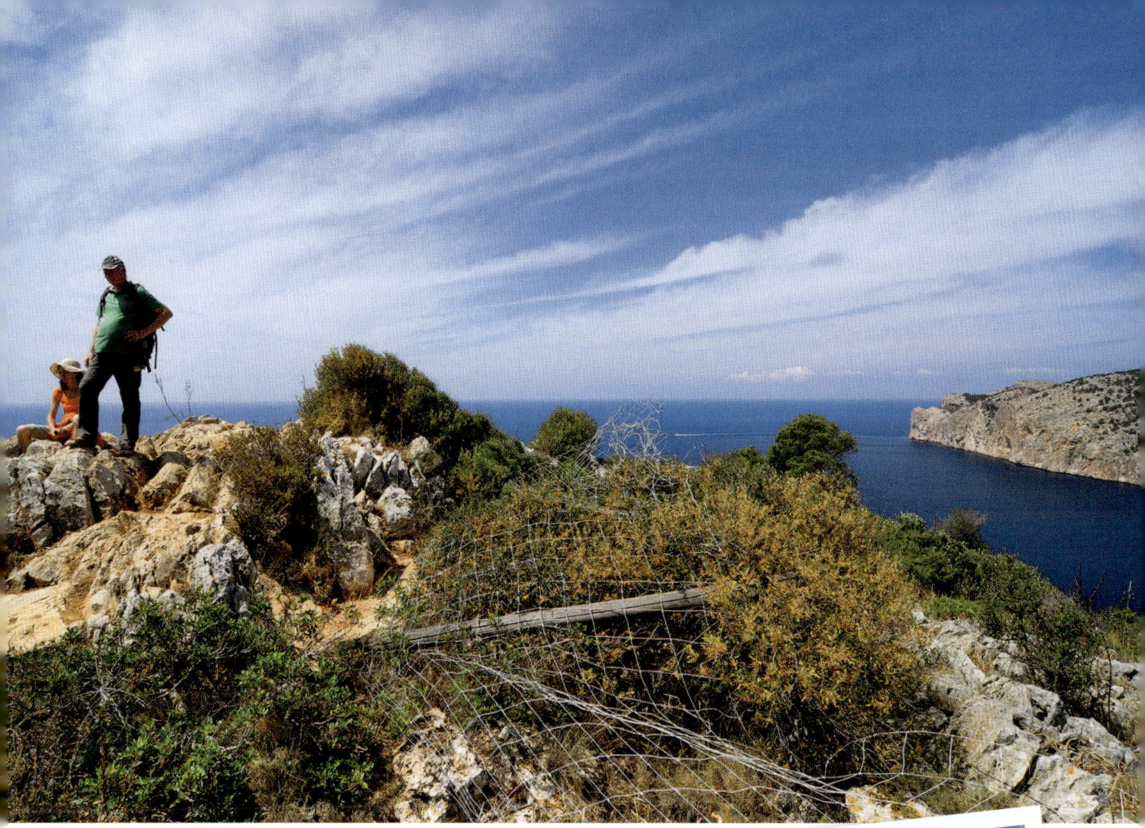

straße, auf der wir rechts einen Abstecher zur Caló d'en Mojo machen könnten.

Wir biegen am Wegweiser nahe dem Turm jedoch rechts auf einen schmalen, mit Steinmännern markierten Steig, der nur trittsicheren Wanderern empfohlen werden kann. Sehr steil und rutschig läuft er über den bewaldeten Berghang abwärts. Nach dem mühevollen Abstieg treffen wir auf einen breiteren Weg, dem wir nach links folgen. Wir erreichen in einer Talmulde einen breiten Weg, der uns rechts zur nahen Caló d'en Mojo bringt. Nach einer Badepause in der malerischen Bucht wandern wir auf dem Weg, den wir gekommen sind, bergauf und folgen dann immer geradewegs dem Kiessträßchen, das uns zum Ausgangspunkt zurückbringt.

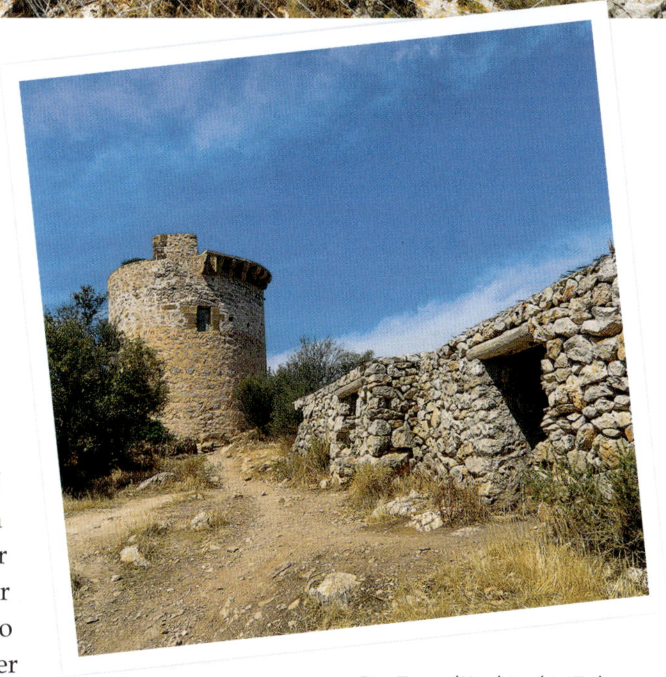

Der Torre d'Andritxol ist Teil der alten Wachturmkette an der Küste Mallorcas.

3 Wenig Aufwand für grandiose Ausblicke

Auf den Puig d'en Farineta

Mittel	3 km	220 Hm	1.30 Std.

Tourencharakter
Kurze Bergtour auf einen kleinen, aber herrlich aussichtsreichen Gipfel. Die Steige sind teils recht steil und steinig, und für die Wegfindung ist ein wenig Orientierungssinn gefragt.

Markierung
Steinmänner und rote Farbpunkte

Ausgangs-/Endpunkt
Der Cementeri (Friedhof) S'Arraco (39.580 / 2.379)

Anfahrt
Auto: In Andratx biegt man auf die nach Sant Elm ausgeschilderte Ma-1030 und folgt an den Kreuzungen in S'Arraco immer der Beschilderung Richtung Sant Elm. Nach dem Ort steigt die Straße an, und bei Km 5 erreicht man die Parkplätze am Friedhof von S'Arraco. **Bus & Bahn:** Am Ausgangspunkt befindet sich die Haltestelle »Cementeri« der Buslinie 100, die Port d'Andratx mit Sant Elm verbindet.

Karte
Editoral Alpina 1:25 000 Tramuntana Sud

Einkehr
Keine

Trotz seiner geringen Gipfelhöhe und dem vergleichsweise kurzen Anstieg überrascht der Puig d'en Farineta mit einem grandiosen Panoramablick: Vor der zerrissenen Küste schwimmt die gebirgige Dracheninsel im blauen Meer, und im einsamen Landesinneren ragen zahllose Gipfel auf.

Aufstieg zum Felsenkamm Wir beginnen die Tour am Parkplatz vor dem Friedhof von S'Arraco. Der Camí de Son Veri führt uns links am Friedhof vorbei aufwärts und nach einem Linksschwenk durch eine flache Talmulde zu einer Weggabelung. Wir

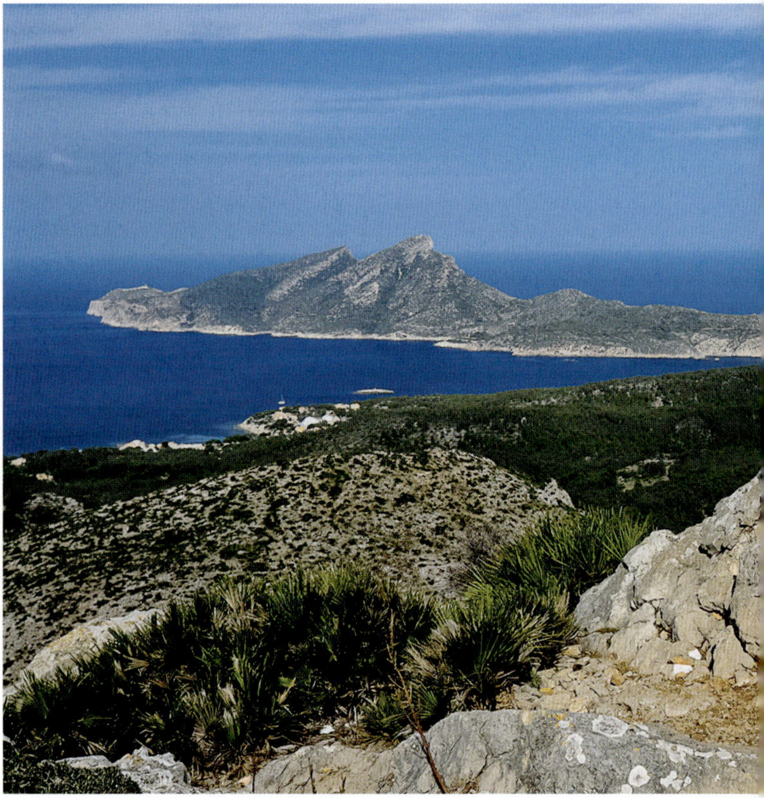

folgen der Betonspur nach rechts und biegen kurz vor dem Tor der Finca Son Veri rechts auf einen mit roten Farbpunkten gekennzeichneten Pfad. Er führt uns teils als deutlicher Steig, teils über Felsplatten rechts um das eingezäunte Gelände der Finca herum. Am Ende des Zauns verzweigt sich der Pfad – wir folgen hier dem mit roten Punkten gekennzeichneten Weg, der geradewegs aufwärts führt, steigen schräg rechts den Hang hoch und erreichen kurz vor der Baumgrenze eine Weggabelung. Zum ersten Mal geht von hier der Blick am felsigen Vorgipfel vorbei zum Gipfel des Puig d'en Farineta.

Wir biegen scharf nach rechts auf einen Pfad, der sich zum felsigen Bergkamm hochschlängelt. Wir achten auf die vielen roten Punkte und Steinmänner, die uns auf eine nach links ansteigende Rampe leiten. Auf ihr windet sich der Steig an zahlreichen Zwergpalmen vorbei aufwärts; rechts wird er dabei von den niedrigen dunklen Wänden des Bergkamms überragt, der Richtung Gipfel hinaufzieht. Auf der Suche nach dem besten Weg durch das felsdurchsetzte Gelände helfen uns immer wieder

Linke Seite: Vom Mirador auf dem Puig d'en Farineta geht der Blick zur Illa de Sa Dragonera.

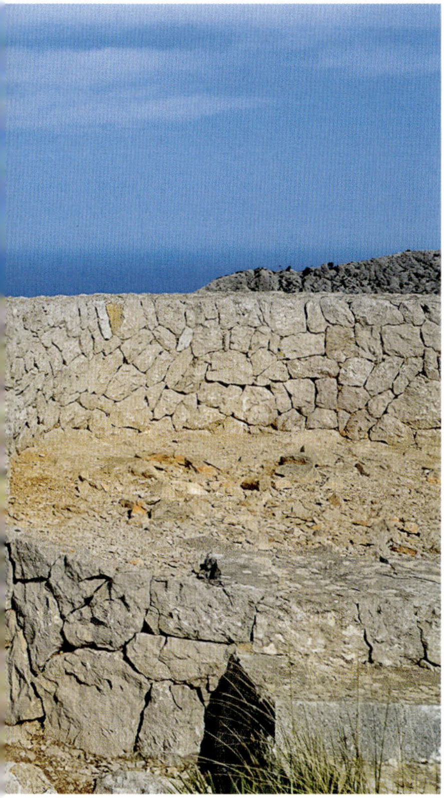

Sa Dragonera – die Dracheninsel

In Sant Elm starten die Schiffe zur Illa de Sa Dragonera, die vor der Westspitze von Mallorca das Meer durchstößt. Für einen Ausflug auf die Insel muss man einen ganzen Tag einplanen. Seit 1995 stehen das gebirgige Eiland und das umgebende Meer unter strengem Naturschutz, und so kommen auf der Insel Naturliebhaber und vor allem Vogelfreunde voll auf ihre Kosten: Hier kann man Raritäten wie Eleonorenfalken, Fischadler, Sturmtaucher und die extrem seltenen Korallenmöwen in einer weitgehend unberührten Umgebung beobachten. Und wer sich sportlich betätigen will, der kann zu den Leuchttürmen an der Nord- und der Südspitze der Insel wandern. Bergsteigerischer Höhepunkt ist allerdings der Anstieg zur Na Pòpia, dem mit 349 m höchsten Gipfel der Insel – hier oben wurde 1850 der erste Leuchtturm der Balearen errichtet.

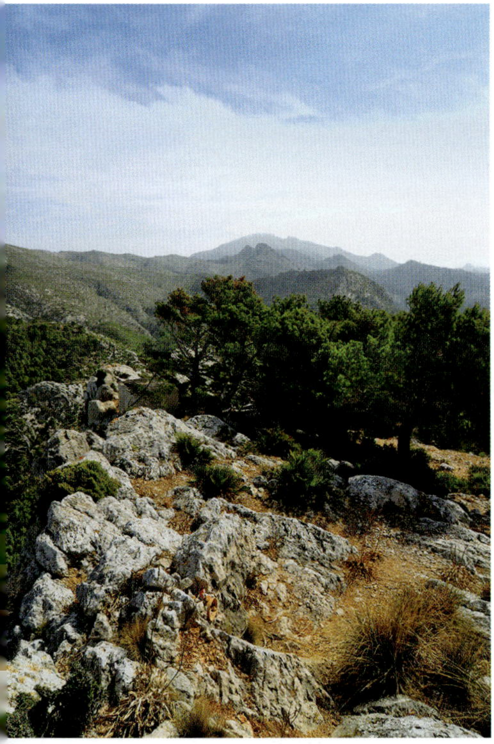

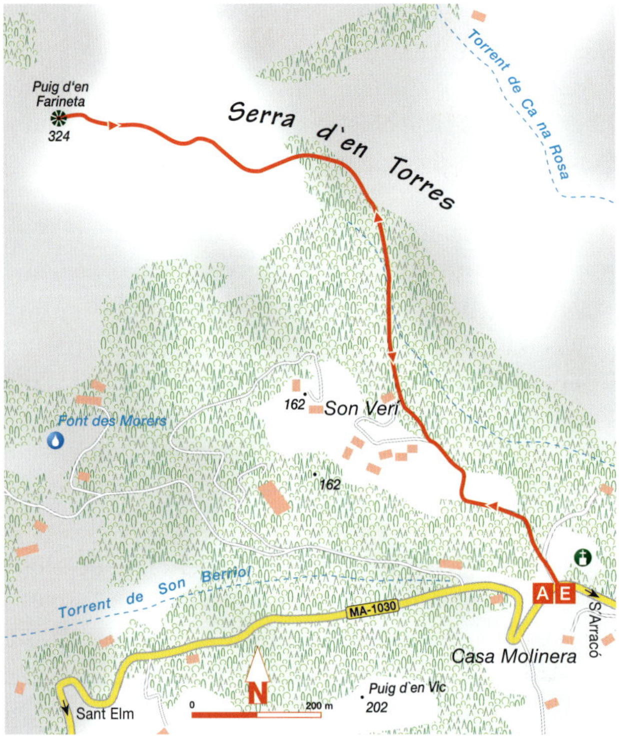

Das wilde und einsame Hinterland im gebirgigen Südwesten Mallorcas

Steinmänner und rote Farbpunkte, bis die Rampe unterhalb runder Felstürme endet.

Zum Gipfel des Puig d'en Farineta Der Weg wendet sich nach rechts, und wir steigen jetzt auf den Felskamm hinauf, den wir ein Stück unterhalb des Gipfels erreichen. Für den Abstieg prägen wir uns die Stelle ein, an der wir später den Bergkamm nach rechts verlassen müssen.

Wir folgen dem felsigen, aber harmlosen Bergrücken aufwärts und erreichen den gemauerten Mirador auf dem Gipfel des Puig d'en Farineta (337 m), der auf seiner Westseite mit atemberaubenden Steilwänden abbricht. Trotz seiner bescheidenen Gipfelhöhe bietet der Puig d'en Farineta eine berauschende Rundumsicht über die Berge, Täler und Buchten im Südwesten von Mallorca. Besonders schön ist der Blick hinaus zur Insel Sa Dragonera, die vor der Westspitze von Mallorca das Meer durchstößt.

Nach der Gipfelrast wandern wir auf dem vom Aufstieg her bekannten Weg wieder hinab zum Ausgangspunkt am Friedhof von S'Arraco.

Rechte Seite: Hoch über der Küste liegen die Gebäude des ehemaligen Klosters La Trapa.

Zum Kloster über der Traumküste

4

Torre de Cala en Basset und La Trapa

Nördlich von Sant Elm beginnt ein einsamer Küstenstreifen mit felsigen Buchten und himmelhohen Klippen. Der Wanderer findet hier mit dem alten Wachturm über der Cala en Basset und dem ehemaligen Kloster La Trapa zwei wundervolle Ziele mit Traumblicken hinüber zur Dracheninsel.

Leicht	2,5 km	150 Hm	1 Std.
Mittel	9 km	400 Hm	3 Std.

Tourencharakter
Die Kurzwanderung zum Torre de Cala en Basset verläuft auf einfachen Pfaden und breiten Pisten und ist auch problemlos mit Kindern zu begehen. Auf der längeren Tour nach La Trapa ist im Aufstieg ein steiniger Steig zu überwinden, der etwas Trittsicherheit verlangt.

Markierung
Steinmänner und rote Farbpunkte

Ausgangs-/Endpunkt
Die Plaça de Mossèn Sebastià Grau in Sant Elm (39.583 / 2.350)

Anfahrt
Auto: Auf der Ma-1030 fährt man von Andratx nach Sant Elm und folgt dort der Beschilderung »Parc Natural de Sa Dragonera«. Kurz bevor man die Mole erreicht, an der die Schiffe zur Illa de Sa Dragonera ablegen, biegt man an der letzten Kreuzung vor dem nahen Meer rechts in den Carrer Cala en Basset. An der Kreuzung am Ende der Straße gelangt man rechts haltend nach 50 m zum Ausgangspunkt an der Plaça de Mossèn Sebastià Grau. Bus & Bahn: In Sant Elm befindet sich an der Plaça de Mossèn Sebastià Grau die Endstation der Buslinie 100, die Port d'Andratx mit Sant Elm verbindet.

Karte
Editorial Alpina 1:25 000 Tramuntana Sud

Einkehr
In Sant Elm

Variante 1: Die kurze Runde zum Torre de Cala en Basset

Aufstieg zum Torre Wir gehen von der Plaça de Mossèn Sebastià Grau auf der Avinguda s'Algar (Wegweiser »Torre«) in der Nähe der Küste nach Norden. Nach kurzer Strecke knickt die Straße am Ende der Bucht nach links und führt kurz aufwärts. An der folgenden Kreuzung biegen wir nach rechts und wandern an der Kreuzung nach den letzten Häusern auf einer breiten

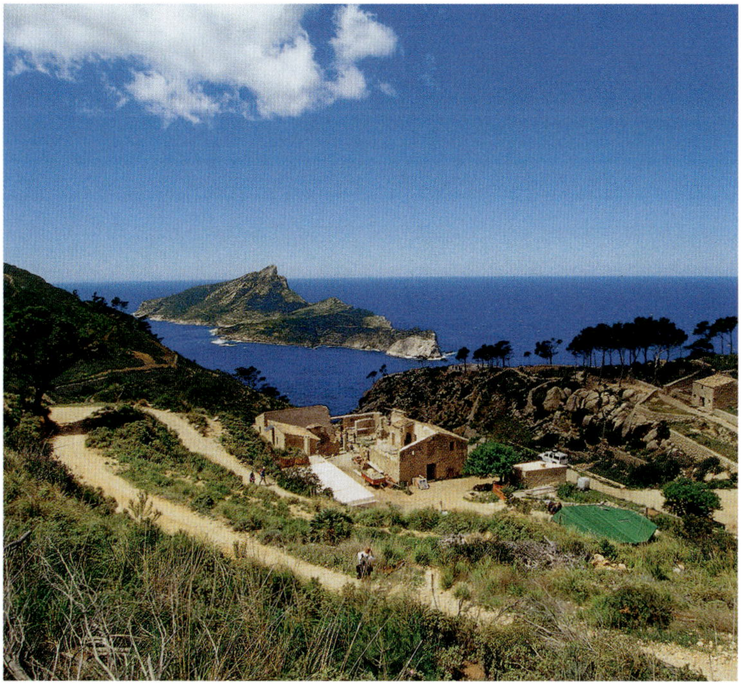

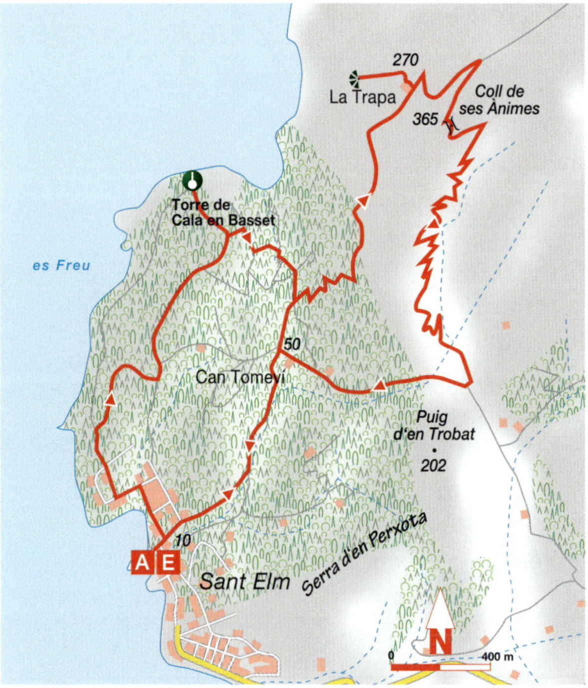

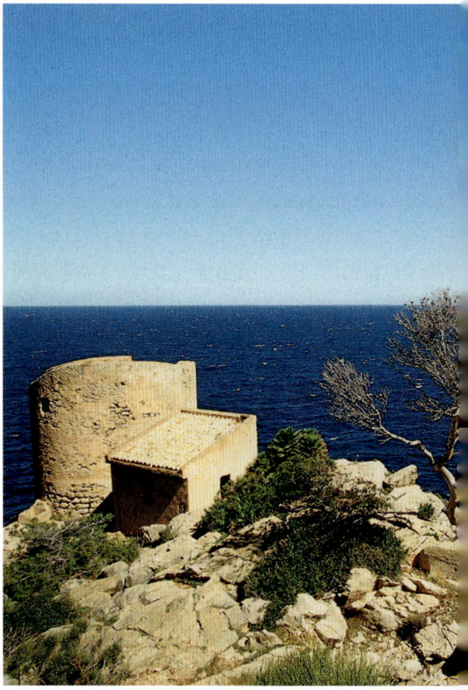

Auf einer Klippe über dem tiefblauen Meer: der einsame Torre de Cala en Basset

Schotterpiste geradeaus. Bald geht der Blick hinüber zum einsamen Leuchtturm an der Nordspitze der Illa de Sa Dragonera, und kurz danach wechseln wir rechts auf einen schmaleren, steinigen Forstweg (Wegweiser »Torre« und »Cala en Basset«).

Nach 50 Metern gehen wir an einer Wegkreuzung geradeaus und folgen nach einem kurzen Anstieg an einer Weggabelung dem schmaleren Sträßchen nach links. Wir wandern auf dem groben Weg aufwärts, bis wir kurz vor seinem Ende rechts auf einen engen Wanderweg einbiegen. Nach wenigen Metern halten wir uns links und folgen dem Waldweg, der auf einem breiten Hügelrücken nach Norden läuft.

An einer Weggabelung bei einem großen Steinmann gehen wir geradeaus und bald sanft abwärts zum nächsten Steinmann auf einem auffällig flachen Platz im Wald. Unser Rundweg führt hier rechts abwärts; zuvor lassen wir uns aber einen Abstecher auf dem linken Pfad nicht entgehen – er führt uns in wenigen Minuten sanft abwärts zum herrlich gelegenen Torre de Cala en Basset, der einen Felsen über der wilden Küste krönt. Unter uns liegt die tiefblaue Cala en Basset, und der Blick schweift über die Meerenge es Freu hinüber zur steil aufragenden Felsinsel Sa Dragonera.

Rückweg nach Sant Elm Vom Torre steigen wir wieder hinauf zur Wegkreuzung auf der kleinen Waldebene und folgen dem schmalen Weg, der durch den steilen Waldhang abwärtsläuft. Nach dem steilsten Abschnitt gehen wir geradeaus über einen Querweg, durchwandern dann eine Talmulde und treffen jenseits nach einem kurzen Anstieg auf eine Schotterstraße, der wir nach rechts folgen. Sie läuft bald durch ein Tor und anschließend links an einem eingezäunten Gelände vorbei.

Das Kiessträßchen wird flach, und nach zwei niedrigen Pfosten, die den Weg flankieren, erreichen wir eine Wegkreuzung. Wer beide Varianten zu einer Tour verbinden möchte, folgt hier links dem mit Steinmännern und Farbpunkten markierten Steig nach La Trapa hinauf.

Wir begnügen uns heute jedoch mit der kurzen Rundtour und biegen von der Kiesstraße rechts auf einen breiten Weg, der uns durch den Wald sanft abwärts zu einer Kreuzung neben der Hausruine von Can Tomevi führt. Wir wechseln geradewegs auf die Schotterstraße, die rechts an den verwilderten Weiden entlangführt, und wandern durch das bewaldete Tal des Torrent d'en Marcò geradewegs zurück zur Plaça de Mossèn Grau in Sant Elm.

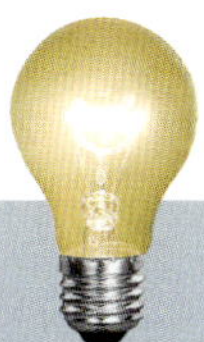

Ehemaliges Kloster La Trapa

Trappistenmönche, die während der Französischen Revolution aus Frankreich vertrieben wurden, errichteten Anfang des 19. Jh. an einem einsamen Platz hoch über der mallorquinischen Küste das Kloster La Trapa. Mit unglaublichem Arbeitseifer erbauten sie in den nur 18 Jahren, die sie hier blieben, an den kargen Berghängen unzählige, von hohen Trockenmauern gestützte Anbauterrassen und errichteten die spartanischen Klostergebäude. Heute gehört das Gelände der Umweltschutzorganisation G.O.B., und das Klostergebäude wird zu einer Unterkunft am Fernwanderweg GR 221 ausgebaut.

Variante 2: Die lange Tour zum ehemaligen Kloster La Trapa

Herrlicher Panoramaweg

Wir beginnen die Tour in Sant Elm an der Plaça de Mossèn Grau und folgen der Avinguda de La Trapa. Sie läuft vorbei am ausgezeichneten Restaurant »Es Moli«, das von einer alten Windmühle überragt wird, auf die Berge zu. Schnell liegen die letzten Häuser hinter uns, und wir wandern auf einer Schotterpiste geradewegs durch das Tal des Torrent d'en Marcò zu einer Wegkreuzung neben der Hausruine von Can Tomevi.

Hier folgen wir geradewegs dem breiten, zur Cala en Basset ausgeschilderten Weg, der durch den Wald sanft aufwärtsführt. Wir überqueren rechts von zwei Steinpfosten eine breite Schotterpiste und steigen auf einem schmalen, mit Steinmännchen und Farbpunkten markierten Weg aufwärts. Der Steig schlängelt sich bald in Serpentinen zwischen Trockenmauern nach oben. Schließlich

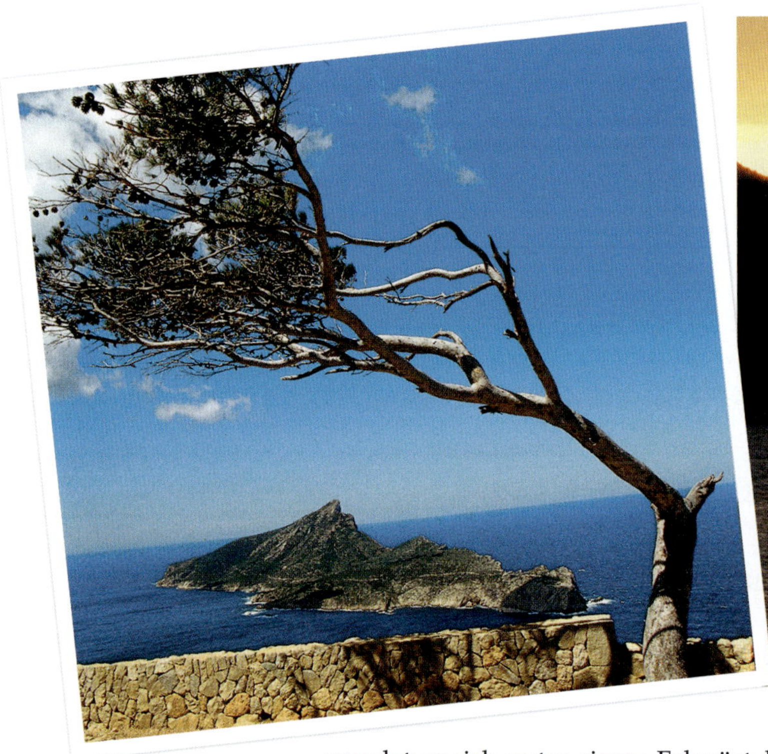

wendet er sich unter einem Felsgürtel nach links und zieht als herrlicher Panoramaweg, der die Anstiegsmühen mit dem Blick auf das Meer und zur imposanten Dracheninsel belohnt, durch den Steilhang aufwärts.

Der Dreschplatz von La Trapa bietet eine herrliche Aussicht zur Dracheninsel.

Zum alten Kloster Der Pfad quert fast eben eine weite Hangmulde und steigt anschließend zu den Felsen hinauf. Hier sollte man darauf achten, sich nicht zu weit nach links in die steil zum Meer hin abbrechenden Felsen abdrängen zu lassen! Der richtige, mit roten Farbpunkten markierte Weg führt auf einem Felsband nach rechts und dann links zum nahen Rand der Hochfläche hinauf.

Nach wenigen Minuten öffnet sich der Blick nach La Trapa, und der Weg leitet uns zum ehemaligen Kloster, in dessen Nähe wir eine Schotterstraße erreichen. Bevor wir auf der Straße rechts unseren Weg fortsetzen, unternehmen wir noch links einen Abstecher zum ehemaligen Kloster und zum etwas tiefer gelegenen ehemaligen Dreschplatz am Rand des Klippenabbruchs. Von hier bietet sich ein berauschender Tiefblick auf das Meer und die gebirgige Illa de Sa Dragonera.

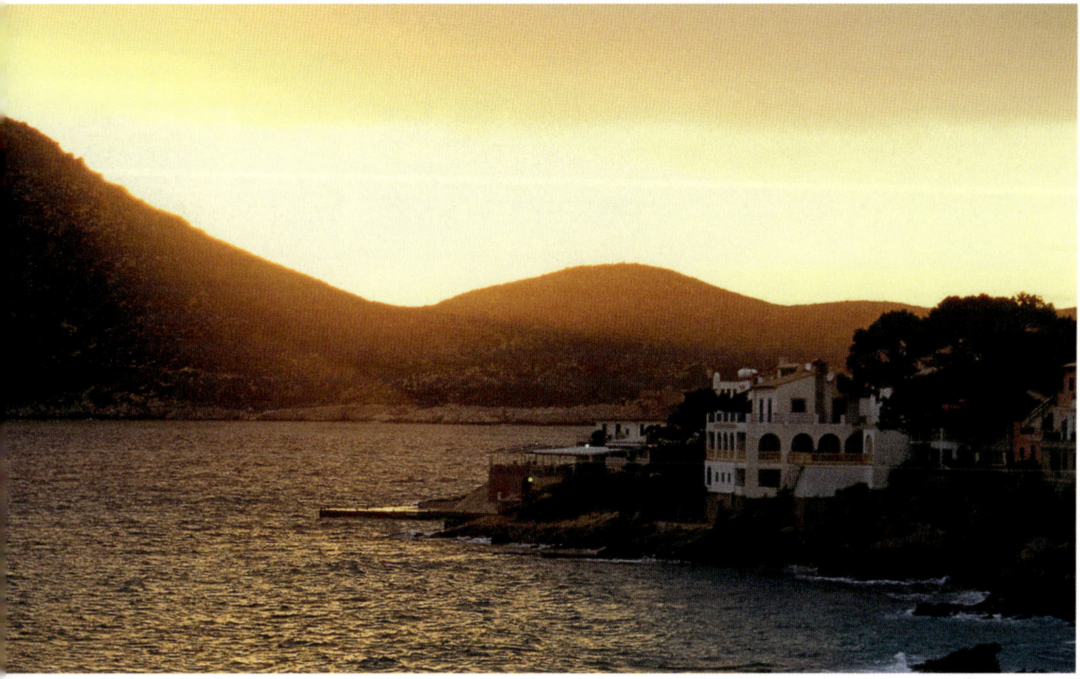

Am Abend kann man die Tour im netten Dorf Sant Elm ausklingen lassen.

Durchs Tal des Torrent d'en Marcò Vom Dreschplatz wandern wir schließlich wieder zum kleinen Kloster hinauf und folgen von dort der Schotterpiste, die sich in Kehren steil bergauf windet. Von der obersten Kehre führt sie unter steilen Felswänden rechts zum nahen Coll de ses Ànimes (365 m), dem höchsten Punkt der Tour.

Jenseits leitet uns die Piste anfangs recht steil in zahllosen Kehren abwärts in ein fruchtbares Tal. An der Kreuzung kurz nach einer Finca gehen wir geradewegs auf den nach Sant Elm ausgeschilderten Weg, der dem Tal des Torrent d'en Marcò abwärtsfolgt.

Wir gehen nun immer auf dem Hauptweg geradeaus und ignorieren rechts abzweigende Straßen, bis wir an der Kreuzung bei der Hausruine von Can Tomevi wieder auf den Hinweg stoßen. Dort folgen wir der Schotterstraße nach links, die uns geradewegs zurück nach Sant Elm bringt.

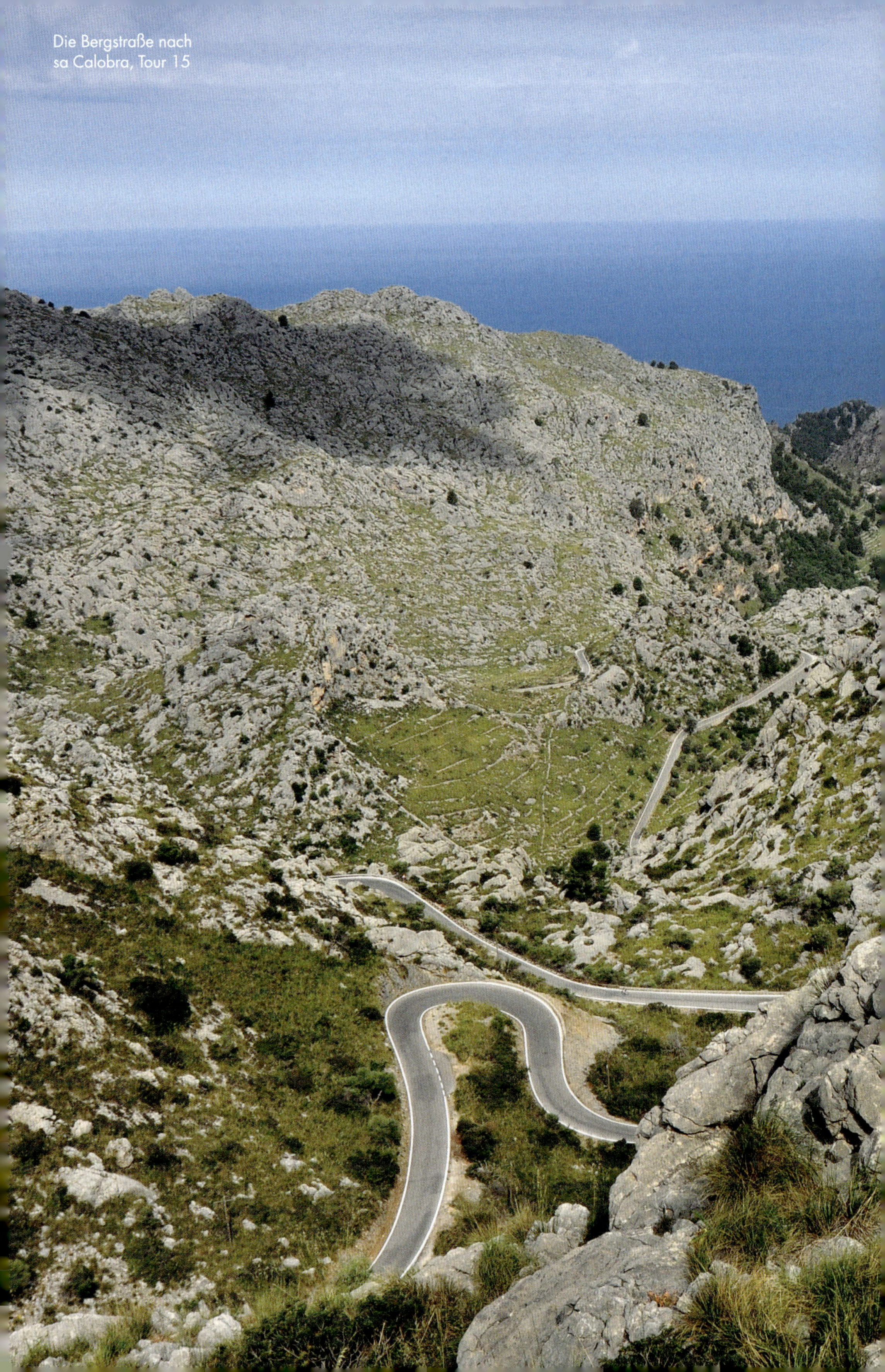

Die Bergstraße nach sa Calobra, Tour 15

Die Serra de Tramuntana

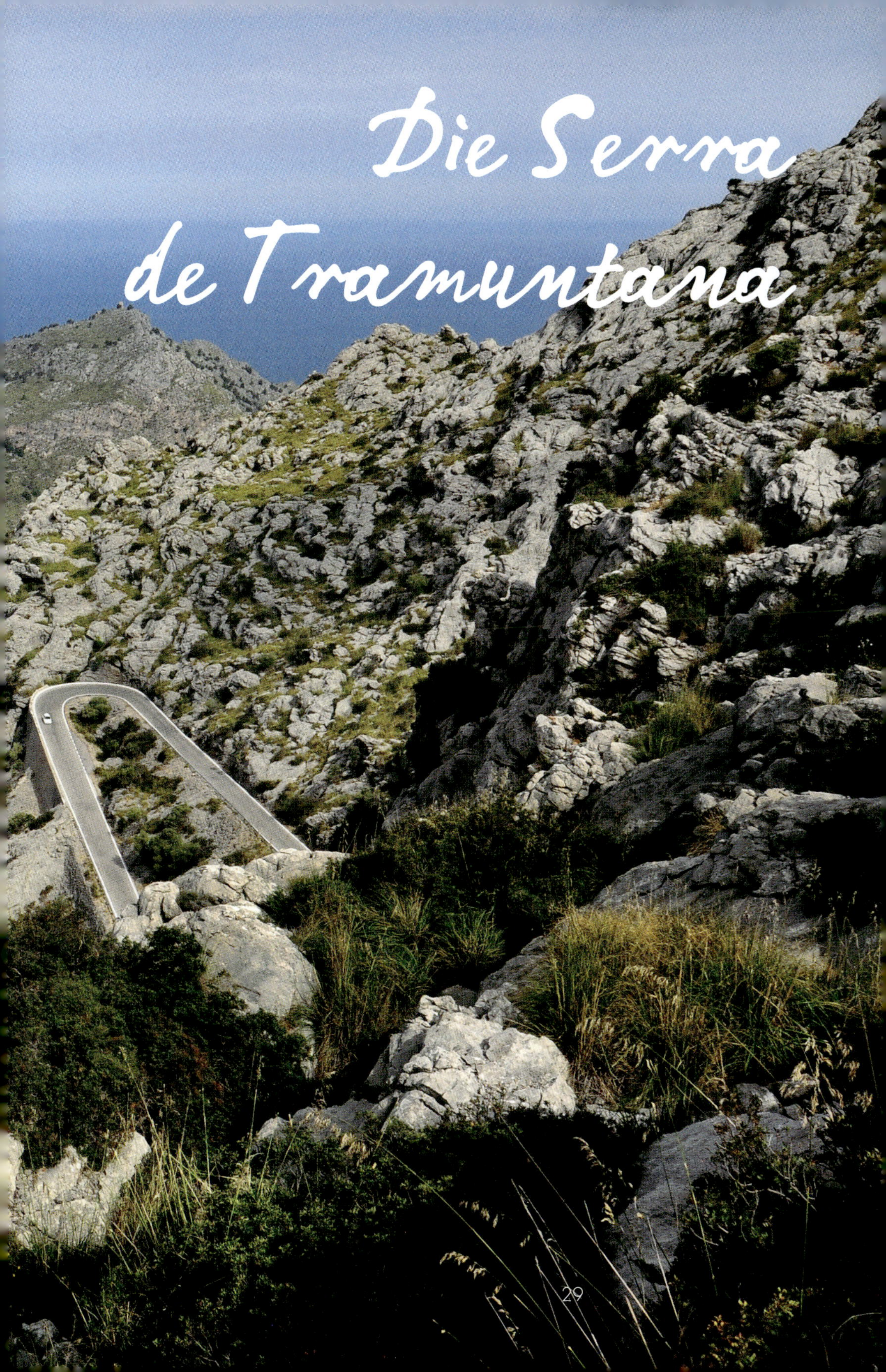

5 Panoramablick vom westlichsten Tausender

Von Süden auf den Galatzó

Schwer | 5 km | 450 Hm | 3 Std.

Tourencharakter
Eine kurze, aber anspruchsvolle Wanderung. Der letzte Wegabschnitt zum Gipfel führt über einige harmlose Kletterstellen.

Markierung
Steinmänner und Farbpunkte

Ausgangs-/Endpunkt
Die Straße unterhalb der Font des Pi (39.627 / 2.497)

Anfahrt
Auto: Vom Ortszentrum von Puigpunyent auf der Ma-1032 Richtung Galilea und am südlichen Ortsrand rechts in die zur Reserva Puig de Galatzó beschilderte Nebenstraße; nun durch Wald 3 km aufwärts zu einer Straßenkreuzung neben dem Haus Es Cucui, hier rechts in das unbeschilderte Sträßchen (zwischenzeitlich war die Straße ab der Kreuzung gesperrt und man musste zu Fuß weitergehen, was die Tour um ca. 1 Std. verlängert). Nach 1 km an einem aufgelassenen Steinbruch vorbei; 400 m weiter beginnt rechts an einer steilen Schotterpiste die Tour. Sind hier die wenigen Parkmöglichkeiten besetzt, kann man 250 m weiter an der nächsten rechts abzweigenden Piste parken, auf der man ebenfalls zur Font des Pi hinaufwandern kann. Bus & Bahn: Keine öffentlichen Verkehrsmittel

Karte
Editoral Alpina 1:25 000 Tramuntana Sud

Einkehr
Keine

Hoch über der Küste ragt der Puig de Galatzó in den Himmel. Die isolierte Lage und die überragende Höhe des westlichsten Tausenders der Serra de Tramuntana machen ihn zu einem beeindruckenden Aussichtspunkt, der dank des hoch gelegenen Ausgangspunkts schnell zu erreichen ist.

Zum Coll d'es Carniceret Wir folgen der groben Schotterpiste, die uns teils steil ansteigend durch den Wald nach oben führt. Nach wenigen Minuten legt sich das Gelände zurück, und links haltend folgen wir einem breiten Weg zur Font des Pi. Wer am zweiten Abzweig geparkt hat, der steigt von dort auf der alten Zufahrtsstraße in wenigen Minuten zur Font des Pi herauf. Gemeinsam geht es jetzt auf einem steinigen Karrenweg in einer bewaldeten Talmulde steil bergauf. Der Weg knickt bald links zu einer Kreuzung, an der wir uns rechts halten. Nach kurzer Strecke wechseln wir vom breiten Weg links auf einen schmalen, mit Farbpunkten und Pfeilen markierten Pfad, der sich durch einen schattigen Steineichenwald nach oben windet.

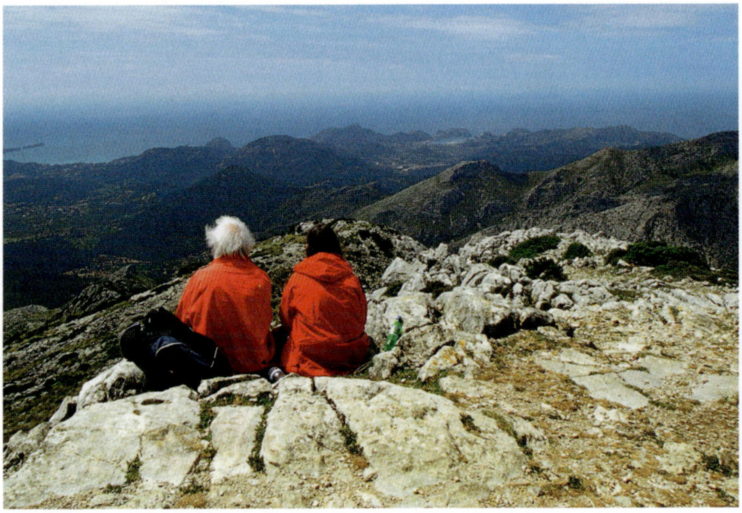

Nach und nach lichtet sich der Wald, und vor uns ragt am Bergkamm ein Brandwachturm auf. Der Weg bleibt links des Turms und steigt dann zum felsigen Ostkamm des Puig de Galatzó an. Bei einem Steinmann neben auffällig geschichteten Felsen wechseln wir am Coll d'es Carniceret von der Südost- auf die Nordostflanke des Berges. Mächtig ragt über uns die Felsgestalt des Puig de Galatzó auf, und zum ersten Mal geht der Blick hinab zur wilden Nordküste Mallorcas.

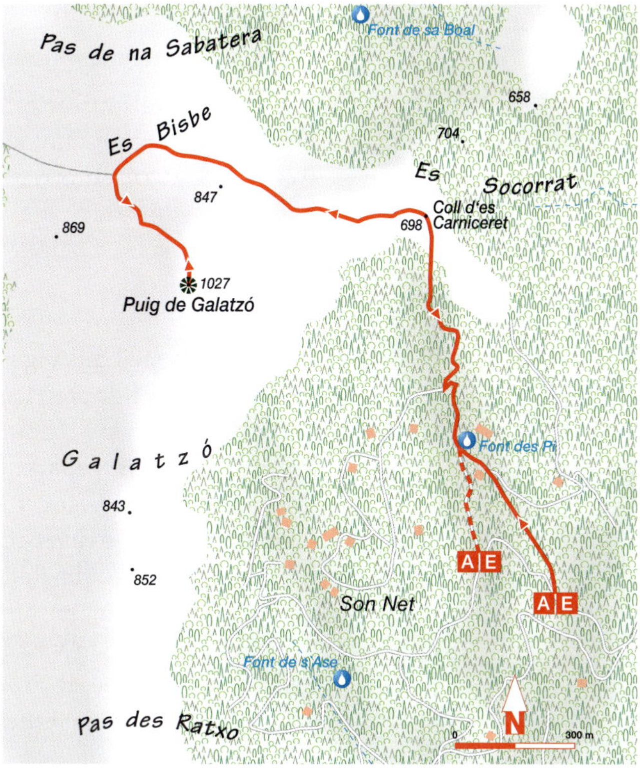

Der wilde Weg zum Gipfel In sanftem Auf und Ab leitet der schmale Steig durch den steilen Hang nach Westen und quert bald einen Schuttstrom. Danach läuft er unter dem mächtigen Felsturm es Bisbe (der »Bischof«) entlang, an dessen Wänden man manchmal Kletterer beobachten kann. Ein kurzer Anstieg führt uns schließlich hinauf zu den Grundmauern der ehemaligen Brandwachthütte auf der Nordschulter des Galatzò. Hier vereinigt sich unser Weg mit dem deutlich längeren Anstieg, der westlich von Estellencs an der Küstenstraße beginnt.

Wir halten uns an der Wegkreuzung links (Wegweiser »Puig de Galatzó«), mühen uns über ein Steilstück hinauf und folgen dann rechts haltend dem jetzt weniger anstrengenden Weg. Bald gilt es eine weitere Steilstufe zu überwinden. Anschließend läuft der Steig über Felsen und Blockwerk geradewegs zur felsigen Gipfelpyramide hinauf. Wir klettern im Rechtsbogen über die gut gestuften Felsen zur Gipfelsäule auf den höchsten Punkt des Puig de Galatzó hinauf (1027 m), wo wir mit einer berauschenden Aussicht über die Berge, Ebenen und Küsten im Westen von Mallorca belohnt werden.

Nach der Gipfelrast kehren wir auf unserem Aufstiegsweg wieder zum Ausgangspunkt unterhalb der Font des Pi zurück.

Linke Seite: Der Galatzó bietet eine fantastische 360-Grad-Rundumsicht.

6 Einsame Köhlerwege über Esporles

Zur Ermita de Maristella

Mittel | 5 km | 400 Hm | 2.45 Std.

Tourencharakter
Stille Wanderung, die auf einsamen Waldwegen zu schönen Aussichtspunkten und bemerkenswerten Sehenswürdigkeiten führt. Nur kurze Wegabschnitte sind etwas steiler. Die Tour, die größtenteils in schattigen Steineichenwäldern verläuft, ist auch bei höheren Temperaturen gut zu meistern.

Markierung
Teils Wegweiser, teils Steinmänner und einige Farbpunkte

Ausgangs-/Endpunkt
Kirche an der Hauptstraße im Ortskern von Esporles (39.669 / 2.577)

Anfahrt
Auto: Man fährt auf der Hauptstraße Ma-1100, die im Ort den Namen Carrer de Joan Riutort trägt, aufwärts durch Esporles bis zur großen Kirche. Parkmöglichkeiten in den Seitenstraßen vor der Kirche und am Ortsende von Esporles Richtung Banyalbufar.
Bus & Bahn: In Esporles liegt die Haltestelle »Carrer des Jaume« der Buslinie 200, die Palma mit Estellencs verbindet.

Karte
Editoral Alpina 1:25 000 Tramuntana Sud

Einkehr
In Esporles

Auf alten Köhlerwegen führt uns diese Tour durch die stillen Steineichenwälder über dem Bergdorf Esporles. Für Abwechslung sorgen der kurze Abstecher auf den Felsturm es Castellot, das aussichtsreich gelegene Bergkloster Ermita de Maristella und eine gewaltige Christusstatue.

Start in Esporles Im Ortszentrum von Esporles finden wir am schattigen Platz vor der Kirche Sant Pere einen Wegweiser, der uns auf den Camí des Correu weist. Der alte Postweg zwischen Esporles und Banyalbufar ist ein Teilstück des Fernwanderwegs GR 221. Wir gehen links am Gotteshaus vorbei und dann geradewegs die Gasse durch das Dorf aufwärts. Am Ortsrand beginnt ein Pflasterweg, der uns kurz aufwärtsführt und danach flach an einer Trockenmauer entlangläuft. Nach einem Holztor geht es wenige Meter bergab zu einem Markierungspfosten, an dem uns links eine Maueröffnung auf einen Weg entlässt.

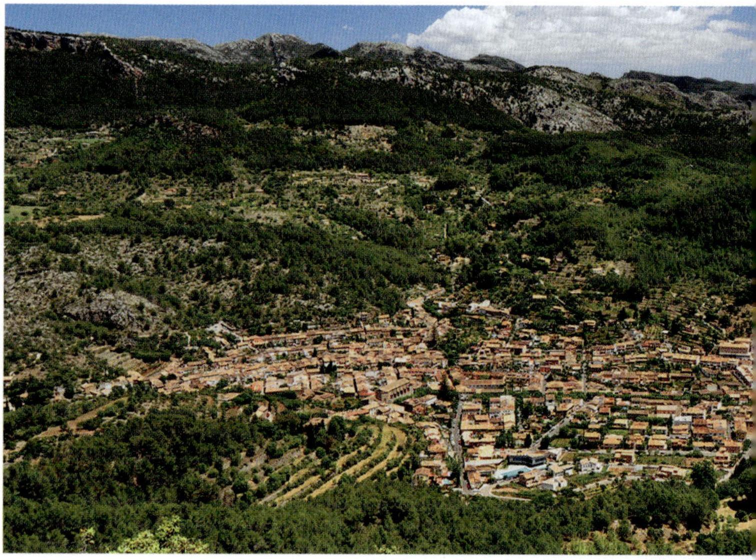

Wir ignorieren abzweigende Wegspuren und folgen dem breiten, erdigen Hauptweg, der über alte Trockenmauern in Stufen aufwärtsführt. Der von Mountainbikern ausgefahrene Weg geht bald in einen schmalen, alten Steig über, der sich durch den nach und nach steileren Hang nach oben windet. Nach einem kurzen erdigen Steilstück führt er uns nahe einer Steinmauer angenehm ansteigend bergauf. Wild verstreut liegen jetzt große Felsblöcke im Wald. Nach einem alten Torpfosten schlängelt sich der alte, teils mit roten Punkten markierte Weg rechts an einem Felskamm entlang bergauf. Der Weg umgeht schließlich im Rechtsbogen einige Felstürme.

Linke Seite: Tief unter der Christusstatue Cor de Jesús liegt unser Ausgangspunkt Esporles.

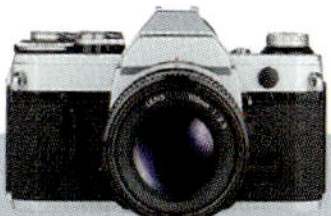

Die Finca La Granja

Westlich von Esporles liegt nahe einer Quelle, die schon von den Römern genutzt wurde, das prachtvolle Landgut la Granja. Später betrieben die Araber hier Mühlen und verwandelten das Tal in ein fruchtbares Paradies. Nach der christlichen Rückeroberung ging das Anwesen für 200 Jahre in den Besitz des Zisterzienserordens über, ehe es von Landadligen nach und nach in der heutigen Form ausgebaut wurde. Die heutigen Besitzer, die Familie Seguí, verwandelte das Gut in ein herrliches Freilichtmuseum, das mit seinen wundervollen Gärten begeistert. In den Gebäuden kann man nicht nur dem vergangenen Lebensstil des Adels nachspüren, sondern es wird auch traditionelle Handwerkskunst präsentiert.

Zum Felsturm Es Castellot Wir erreichen eine bewaldete Ebene, auf der man links die Grundmauern einer alten Hütte erkennt. Hier sollte man unbedingt einen Abstecher auf den Felsrücken machen, der vom Weg nach rechts zieht. Von dort bietet sich ein herrlicher Tiefblick nach Esporles und zur Finca La Granja. Links ragt ganz nahe der steile Felszahn Es Castellot auf, dem wir noch einen Besuch abstatten wollen. Wir folgen also kurz dem Kamm und steigen anschließend auf einem wundervoll angelegten Treppenweg, der durch eine niedrige Felswand führt, zur Gipfelfläche des Es Castellot hinauf. Hier bietet sich ein atemberaubender Tiefblick über die überhängenden Nordwände, durch die extreme Klettertouren führen. Unter uns liegt in einem

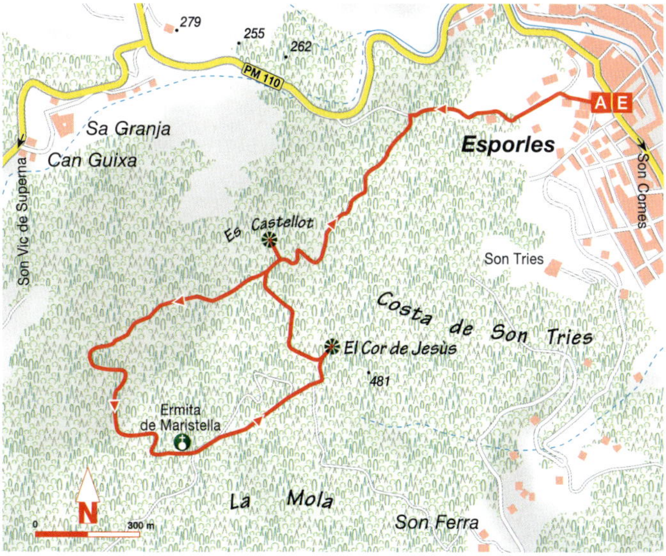

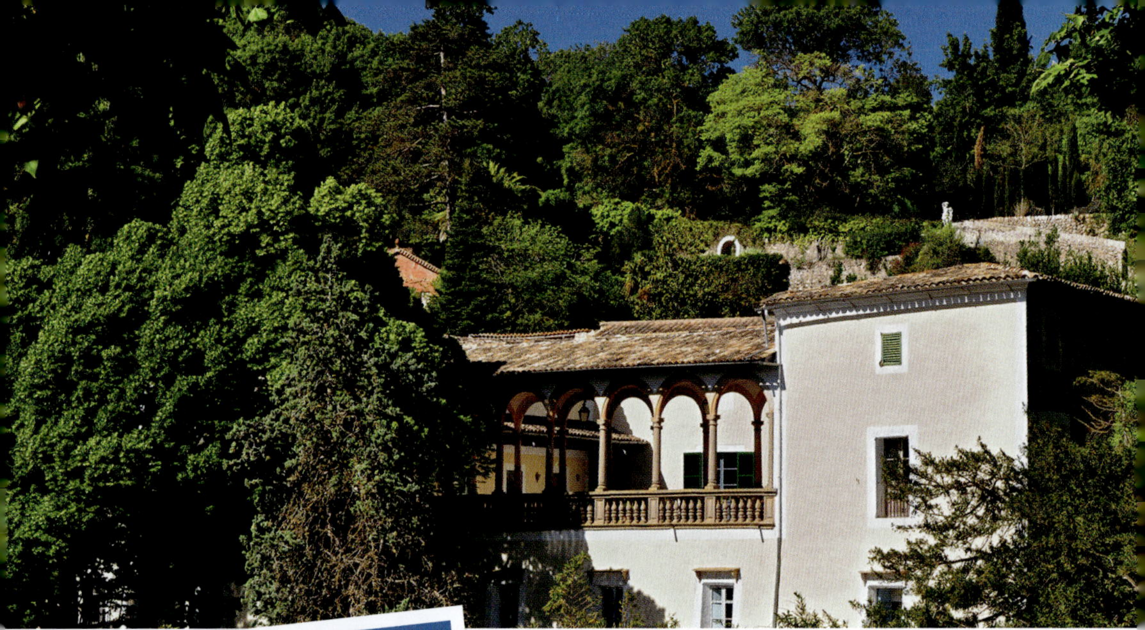

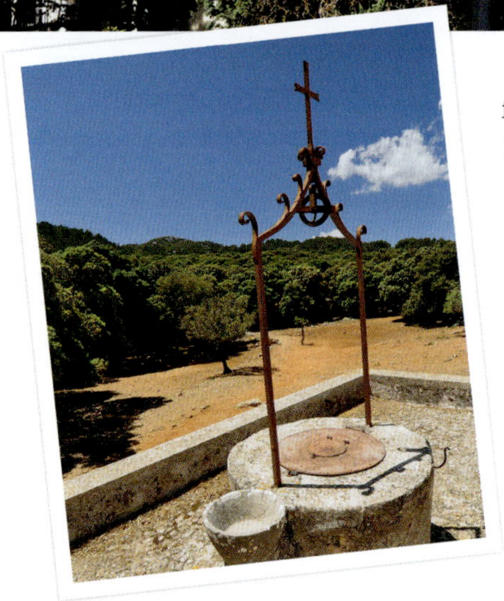

Die Zisterne an der Ermita de Maristella versorgt uns mit frischem Wasser.

Ganz oben: In einem fruchtbaren Tal bei Esporles liegt das wundervolle Landgut La Granja.

fruchtbaren Tal die herrliche Finca La Granja, und im Norden schweift der Blick über die Berge zur blauen Wasserfläche des Mittelmeers. Im Südosten überragt die riesige Jesusstatue den Wald, der wir auf dem Abstieg einen Besuch abstatten werden.

Zur Ermita de Maristella Vom Es Castellot gehen wir zum Weg zurück und folgen ihm über die Ebene nach rechts. Er führt uns, vorbei an einer weiteren Ruine und einem alten Köhlerplatz, zu einer Weggabelung. Auf dem linken Weg verläuft später unser Abstieg. Wir folgen jetzt jedoch dem rechten Weg, der sich vorbei an weiteren Köhlerplätzen und Ruinen durch den einsamen Wald aufwärtsschlängelt.
Bald quert unser Weg oberhalb eines felsigen Steilabbruchs zur Rechten nur noch sanft ansteigend und zum Schluss ganz flach den Hang. Wir erreichen einen doppelten Köhlerplatz, der neben den Grundmauern einer Rundhütte direkt oberhalb unseres Wegs liegt. Hier verlassen wir den breiteren Weg, der wenige Meter weiter endet, und steigen links zum Köhlerplatz hinauf.
Rechts beginnt ein mit einem Steinmann markierter Pfad, der rechts haltend durch den Hang aufwärtsführt. Der schmale, aber deutliche Steig knickt bald nach links und läuft über einen Bergrücken aufwärts. An einem großen Steinmann biegen wir links auf einen breiteren Karrenweg. Nach wenigen Metern folgen wir an einer Gabelung den Steinmännern rechts auf den groben

Weg, der über eine aussichtsreiche Felsstelle aufwärtsführt. Die Steigung nimmt ab, und links haltend folgen wir dem Hauptweg über die Hochebene direkt zur Ermita de Maristella. Am schönen alten Brunnen können wir mit etwas Muskelkraft die Wasservorräte auffüllen. Wir gehen um die heute verlassenen Klostergebäude, die ab 1890 erbaut wurden und Mönche des Karmeliterordens beherbergten, zum Kirchenvorplatz. Tief unter uns liegen die weiten Ebenen Mallorcas, und nach Nordosten geht der Blick am Puig de Teix vorbei zum Gipfel des Puig Major, dem höchsten Punkt der Insel.

Zur Jesusstatue »Cor de Jesús« Von der Ermita de Maristella folgen wir dem breiten Zufahrtsweg bergab und biegen nach kurzer Strecke rechts auf den alten Pilgerweg. Er führt uns parallel zur Kiesstraße, vorbei an einem tiefen Höhlenschacht, abwärts. Kurz darauf halten wir uns an einer Weggabelung links und wandern zurück zum Fahrweg. Wir folgen ihm abwärts und wechseln an einer nahen Rechtskehre geradeaus auf den zum »Cor de Jesús« ausgeschilderten Weg.

Nach kurzer Strecke erreichen wir eine Kreuzung an einem Köhlerplatz. Der linke Weg wird uns später zum Anstiegsweg zurückbringen. Zuvor leisten wir uns aber noch rechts einen kurzen Abstecher zur enormen Jesusstatue »Cor de Jesús«, die 1940 erbaut wurde. Von dort bietet sich ein herrlicher Blick aus der Vogelperspektive auf Esporles. Das Panorama reicht von der Bucht von Palma über die Gipfel der Serra de Tramuntana bis hin zum Meer im Norden.

Von der Christusstatue wandern wir zurück zur Kreuzung am Köhlerplatz und folgen dort dem Weg nach rechts. Der wundervolle Waldsteig läuft bald in Serpentinen durch den steilen Waldhang abwärts zu einer von Felswänden überragten kleinen Ebene. An dieser Stelle sollte man etwas Vorsicht bei der Wegsuche walten lassen – wir folgen nicht geradeaus dem Weglein über das flache Gelände unterhalb der Wände, sondern biegen links haltend auf eine abwärtslaufende Wegspur.

Nach kurzer Strecke wird der Weg wieder deutlicher, quert eine Steinmauer und trifft schließlich auf einen breiteren Weg. Rechts hinab führt er uns zur Ebene am Es Castellot, auf der wir auf unseren Aufstiegsweg treffen. Auf ihm geht's rechts über die Ebene und dann abwärts zum GR 221, auf dem wir rechts zurück nach Esporles wandern.

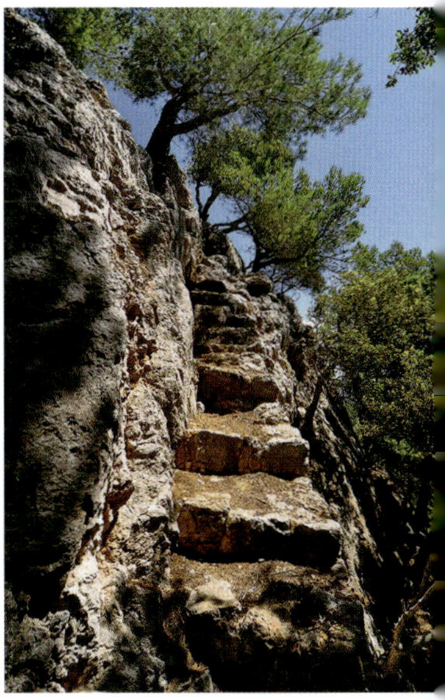

Eine schmale Treppe hilft uns auf den aussichtsreichen Felsturm Es Castellot.

7 Schattiger Genießerweg an der Küste

Von Banyalbufar nach Port des Canonge

Leicht | 9 km | 200 Hm | 2.30 Std.

Tourencharakter
Einfache Wanderung auf breiten Wegen mit nur sanften An- und Abstiegen, die gut mit Kindern unternommen werden kann. Dank der schattigen Wälder ist die Tour auch für heiße Tage geeignet. Am Umkehrpunkt der Wanderung sowohl Einkehr- als auch Bademöglichkeit

Markierung
Wegweiser und Markierungspfosten

Ausgangs-/Endpunkt
Parkplatz an der Ma-10 (39.690 / 2.522)

Anfahrt
Auto: An der Nordküstenstraße Ma-10 liegt 1,5 km östlich oberhalb von Banyalbufar bei Km 85,3 an einer Kehre der Parkplatz, bei dem die Wanderung beginnt. **Bus & Bahn:** In Banyalbufar Bushaltestelle der Linie 200 von Palma nach Estellence. Wer mit dem Bus anreist, muss für den Weg ab der Bushaltestelle in Banyalbufar mit hin und zurück zusätzlichen 50 Min. rechnen.

Karte
Editoral Alpina 1:25 000 Tramuntana Sud

Einkehr
In Port des Canonge

Oberhalb der gleichnamigen Bucht liegt das hübsche Dorf Banyalbufar inmitten gepflegter Terrassengärten. Von hier führt eine einfache Küstenwanderung durch bewaldete Hänge zur verträumten Bucht von Port des Canonge, die an Wochenenden ein beliebtes Ziel der Einheimischen ist.

Start an der Bushaltestelle Wer mit dem Bus anreist, der beginnt die Tour in Banyalbufar. Dort geht man auf der Hauptstraße kurz Richtung Valldemossa und biegt vor dem Hotel »Mar i Vent« links auf den Carrer Major. Nach kurzer Strecke geht es scharf rechts in den Carrer Marina. Nach gut 100 Metern schwenkt man links auf das Sträßchen (Wegweiser »Camí de sa Galera«), das durch die Terrassenfelder abwärts läuft.
Oberhalb der Cala Banyalbufar wandert man geradewegs über einen Torrent und dann aufwärts zu den letzten Häusern. Hier biegt man rechts auf einen schmalen, rot markierten Steig (Wegweiser »Camí de sa Galera«), der sich steil durch den Waldhang nach oben schlängelt. Auf halber Höhe wird der Weg bequemer und trifft schließlich auf den breiten, eben verlaufenden Weg, auf dem die beschriebene Wanderung nach links führt.

Vom Parkplatz nach Port des Canonge Vom Parkplatz an der Kehre, von dem man einen schönen Blick auf das von Terrassenfeldern umgebene Banyalbufar hat, folgen wir der Beschilderung Richtung Port des Canonge und wandern auf dem breiten Kiessträßchen Volta des General sanft abwärts. Der Weg führt an einem Haus vorbei und knickt dann um die Hangkante. Von links kommt der Steig von Banyalbufar herauf. Wenig später gehen wir an einer Weggabelung die Höhe haltend zu einem Tor, neben dem uns eine Leiter über den Zaun hilft. Kurz darauf folgen wir an der nächsten Gabelung geradeaus dem Weg, der auf gleichbleibender Höhe durch den bewaldeten Hang läuft. Wir erreichen eine weitere Weggabelung, an der uns der Rich-

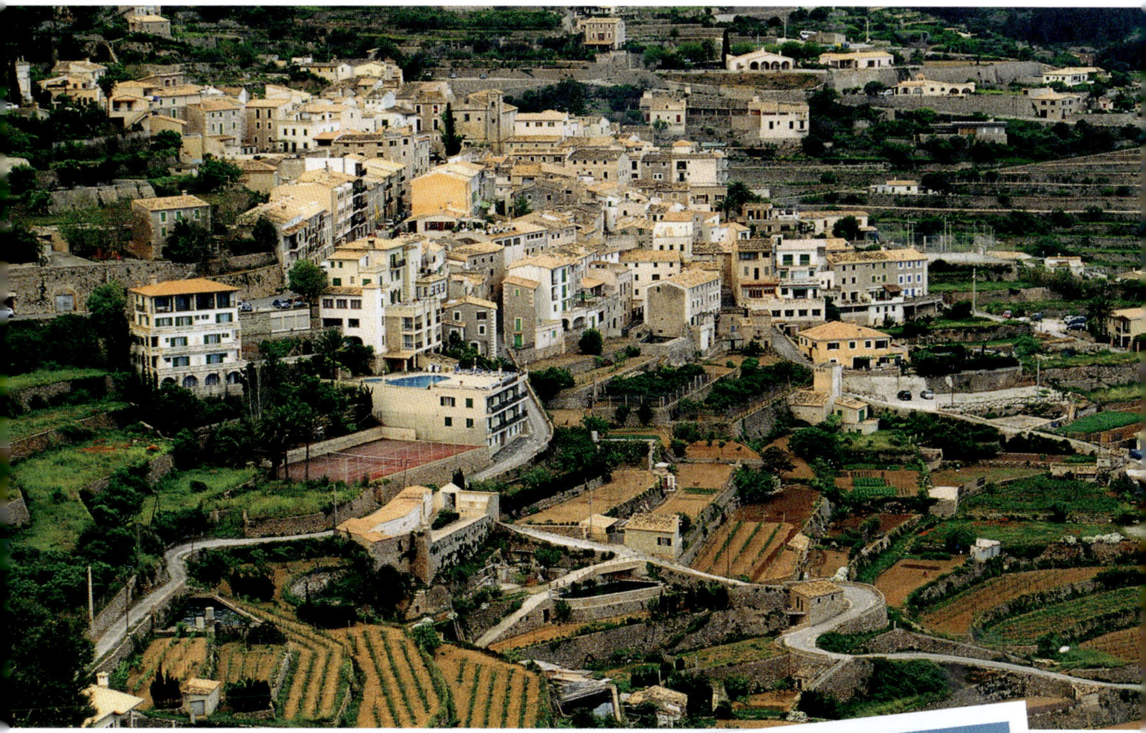

tungspfosten nach links weist. Auf breitem Weg geht es jetzt abwärts zum Fuß der brüchigen, überhängenden Steilwände des Puig de ses Planes. Vorbei an großen Felsbrocken, die von der Wand abgebrochen sind, schlängelt sich der Weg abwärts. Bald schimmert das Meer durch den Kiefernwald, und die kreidehellen Felsen der Punta de S'Aguila überragen malerisch eine türkisfarbene Bucht.

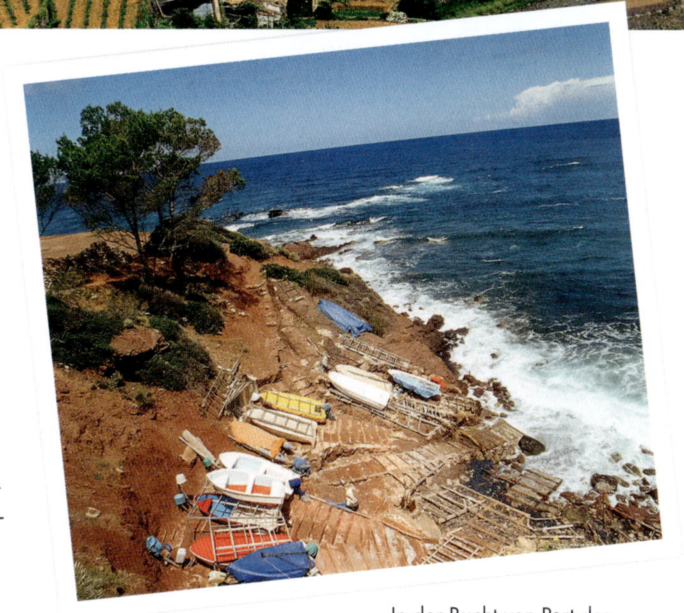

In der Bucht von Port des Canonge warten kleine Fischerboote auf ihren Einsatz.

Ganz oben: Inmitten zahlreicher Gartenterrassen liegt das Dorf Banyalbufar.

In die Kiesbucht Platja de Son Bunyola Vor der imposanten Finca Son Bunyola treffen wir schließlich auf ein Sträßchen, dem wir nach links folgen. An den folgenden Gabelungen halten wir uns jeweils links und marschieren oberhalb der Küste sanft abwärts zum Ende der Kiesstraße. Vor der Ruine einer kleinen Steinhütte schwenken wir auf einen schmalen Pfad, der uns links zum nahen Meer führt. Wir wandern rechts in die Kiesbucht Platja de Son Bunyola, an der mehrere windschiefe Hütten stehen.

Am Ende der Bucht steigen wir zwischen den verfallenen Fischerhütten aufwärts. Der Weg führt uns dann an der roten Felsküste entlang, bis wir nach einem Kiefernwäldchen an ein Bachbett gelangen. Wir durchqueren den kleinen Torrent und steigen jenseits zwischen Büschen über gut gestuften Fels zu einer flachen Wiese hinauf. Geradeaus erreichen wir nach kurzer Strecke die von Bootshütten umringte Kiesbucht von Port des Canonge, an der man eine erfrischende Badepause einlegen kann. Rechts führt die Teerstraße hinauf in den kleinen Ort mit schönen Einkehrmöglichkeiten. Auf dem bekannten Weg wandern wir nach einer Rast zurück zum Ausgangspunkt.

Das Gartendorf Banyalbufar

Das hübsche Dorf, das hoch über der Nordküste Mallorcas an den Hängen der Serra de Tramuntana liegt, wurde wohl im 10. Jh. von den Mauren gegründet. Berühmt ist Banyalbufar für seine zahllosen, von hohen Mauern gestützten Anbauterrassen. Ein aufwendiges Bewässerungssystem versorgt die Terrassenfelder mit dem wertvollen Nass. Geschaffen wurde es von maurischen Experten, die Zuleitungen aus den niederschlagsreichen Bergen und Speicherbecken inmitten der Gärten installierten. In früheren Zeiten wurde auf den Terrassen von Banyalbufar hauptsächlich ein weithin geschätzter Wein angebaut, heute dagegen vor allem Gemüse. Westlich des Dorfes steht an der Ma-10 der alte Wachturm Torre des Verger, der auch Torre de Ses Ànimes genannt wird. Der herrlich gelegene Turm, der zu den beliebtesten und meistfotografierten Ausflugszielen Mallorcas zählt, bietet eine wundervolle Aussicht auf die malerische Küste, die wilden Berge und auf zahllose, mit unendlicher Mühe errichtete Anbauterrassen.

Rechte Seite: Windzerzauste Kiefern krallen sich beim Mirador de Can Costa an die Felsen.

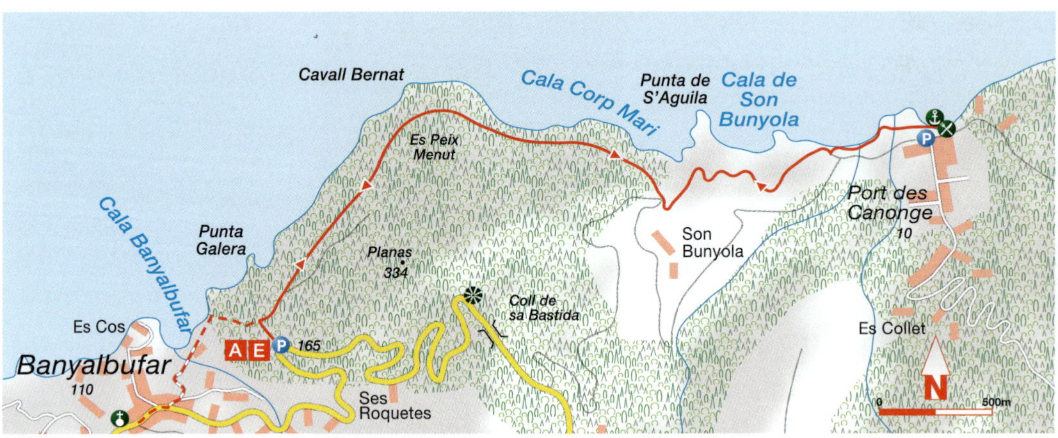

Aussichtspunkte über der Nordküste

8

In den Bergen über Valldemossa

Hoch über Valldemossa erhebt sich ein Bergkamm, der steil zum Meer hin abbricht. Auf diesem Kamm ließ sich Erzherzog Ludwig Salvator (s. Tour 10) sogar einen atemberaubenden Reitweg erbauen. Wir erkunden heute den Beginn des Weges, der mit grandiosen Tiefblicken begeistert.

Von Valldemossa zum Mirador de Can Costa Im Zentrum von Valldemossa folgen wir von der Bushaltestelle an der Avinguda Palma der eben verlaufenden Nebenstraße Carrer Rector Joan Mir bis zur zweiten Kreuzung. Hier biegen wir vor dem Sportplatz rechts in den Carrer de Joan Fuster (Pintor) und folgen an der nächsten Gabelung dem Carrer de les Oliveres nach links. An seinem Ende beginnt links neben einem Tor der steinige Wanderweg, der an einem Zaun entlang bergan führt.

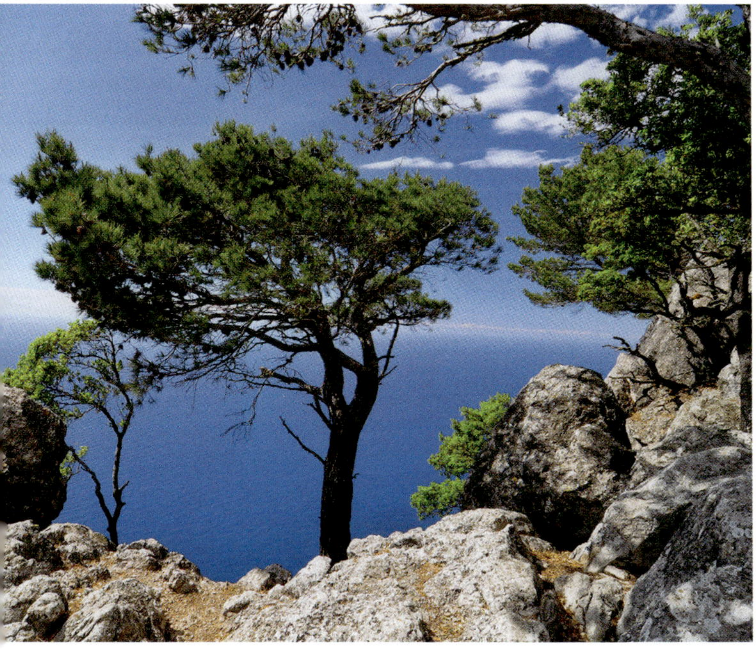

Mittel | 5 km | 500 Hm | 3 Std.

Tourencharakter
Herrlich aussichtsreiche Bergtour, die nur noch mit Zugangserlaubnis begangen werden kann. Anmeldung unter info@muntanyadelvoltor.com oder Tel. +34(0)971/619591985 (www.muntanyadelvoltor.com)

Markierung
Steinmänner und rote Farbpunkte

Ausgangs-/Endpunkt
Bushaltestelle an der Avinguda Palma, der Hauptdurchgangsstraße von Valldemossa (39.710 / 2.621)

Anfahrt
Auto: Man fährt auf der Hauptstraße Ma-1110, die im Ortsbereich den Namen Avinguda Palma trägt, durch Valldemossa. Im östlichen Ortsbereich liegt am Abzweig zum Carrer Rector Joan Mir, auf dem die Wanderung beginnt, die Bushaltestelle von Valldemossa. Östlich der Bushaltestelle gibt es entlang der Hauptstraße zahlreiche gebührenpflichtige Parkplätze.
Bus & Bahn: Am Ausgangspunkt in Valldemossa liegt die Haltestelle der Buslinie 210, die Palma mit Port de Sóller verbindet.

Karte
Editoral Alpina 1:25 000 Tramuntana Central

Einkehr
In Valldemossa

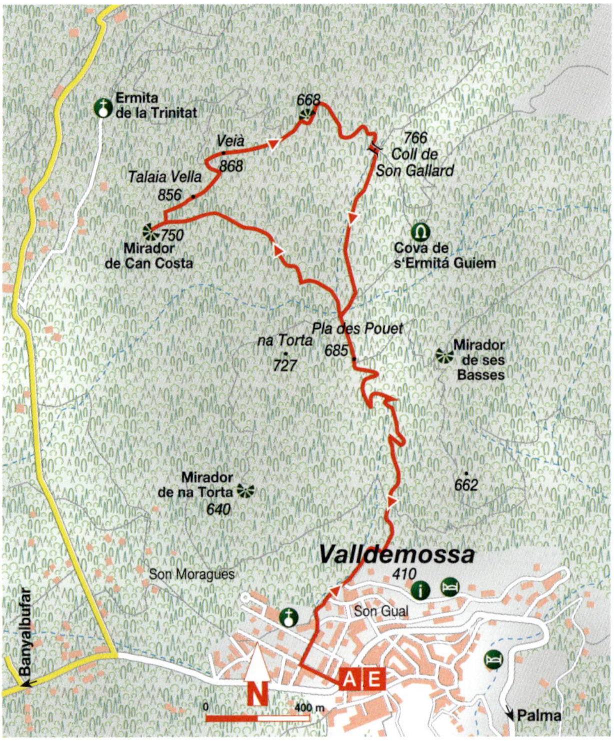

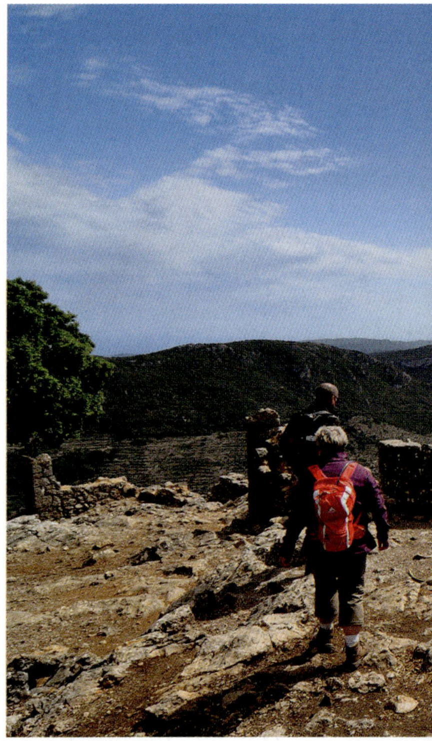

Der Mirador de Can Costa bietet herrlich weite Ausblicke.

Bald knickt der Wanderweg nach links und läuft durch den Wald aufwärts. Eine Mauer wird durchquert und eine zweite auf einer Holzleiter überstiegen. Kurz danach knickt der breite, steinige Weg nach rechts und windet sich in Kehren durch den romantischen Wald nach oben. Vorbei an Felsen und runden Köhlerplätzen erreichen wir einen weiteren Mauerdurchlass am Rand der Ebene Pla des Pouet.

Geradewegs wandern wir erholsam flach über die Ebene zu einer Wegkreuzung am Brunnen Font de Pouet. Auf dem rechten, mit großen Steinmännern gekennzeichneten Weg wird nach der Gipfelrunde unser Abstieg verlaufen. Jetzt gehen wir jedoch geradewegs am Brunnen vorbei und folgen dem schmalen Weg, der bald nach links knickt und sanft ansteigend durch das felsige Gelände führt. Zahlreiche Steinmänner und rote Farbtupfer lassen auf dem bald wieder deutlich ausgeprägten Weg keine Orientierungsprobleme aufkommen.

Der herrlich aussichtsreiche Weg quert schließlich flach durch den Hang zu einer Wegkreuzung. Der weitere Anstieg zum Gipfel des Pouet knickt hier scharf nach rechts. Wir machen aber

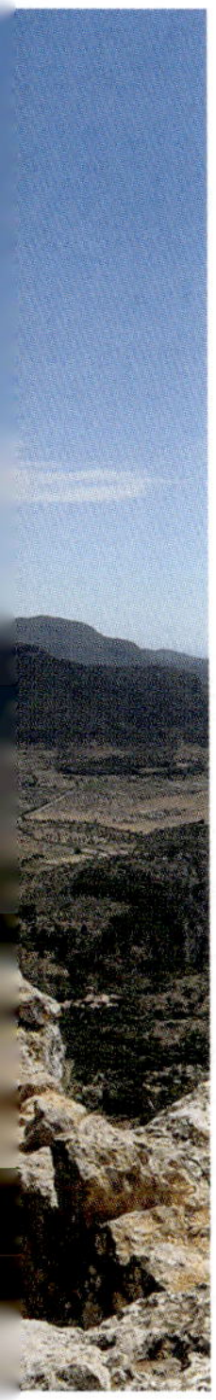

zuvor noch geradewegs einen Abstecher zum Mirador de Can Costa, von dem sich eine berauschende und weitreichende Aussicht über die Küste und Berge nach Westen bietet.

Über die Veiá zurück nach Valldemossa Vom Mirador gehen wir zurück zur Kreuzung und folgen dem mauergestützten Weg aufwärts. Nicht allzu steil führt uns der herrlich angelegte Pfad hinauf zur Vermessungssäule auf dem Gipfel des Pouet (856 m). Die Aufstiegsmühen werden mit einer berauschenden Rundumsicht belohnt, die die Bucht von Palma im Süden ebenso einschließt wie den Puig Major, zahllose weitere Gipfel der Serra de Tramuntana und die wilde Nordküste von Mallorca. Nahe vor uns liegt unser nächstes Ziel, die Veiá mit der Hütte auf dem Gipfel.
Wir steigen kurz in einen Sattel ab und dann sanft aufwärts zur Gipfelhütte der Veiá (868 m), von der sich nochmals eine herrliche Aussicht hinab zur Nordküste und zu den höchsten Gipfeln Mallorcas bietet. Gegenüber führt der Camí de s'Arxiduc – der für den österreichischen Erzherzog Ludwig Salvator angelegte Reitweg – über den Bergkamm Richtung Teix.
Vom Gipfel bringt uns ein Serpentinenweg durch den Steilhang hinab zur Wegkreuzung im tief eingeschnittenen Coll de Son Gallard. Geradeaus führt der Camí de s'Arxiduc an einer Steinbank vorbei aufwärts. Wir biegen jedoch rechts auf einen breiten, mauergestützten Weg, der sich in Serpentinen durch den Waldhang abwärtswindet. Ohne Orientierungsprobleme folgen wir dem breiten Weg hinab zur Pla des Pouet, wo wir an der Font des Pouet wieder auf unseren Anstiegsweg treffen. Auf ihm wandern wir hinab nach Valldemossa.

Chopin in Valldemossa

Das malerische Bergdorf Valldemossa wurde durch den Besuch von Frédéric Chopin weltberühmt. Hier verbrachte er mit seiner großen Liebe, der Schriftstellerin George Sand, einen ungemütlichen Winter. Sie verewigte den kalten und verregneten Aufenthalt in dem berühmten Reisebericht »Ein Winter auf Mallorca«. Unterkunft fanden sie in einer Zelle des 1399 gegründeten Klosters, das wenige Jahre vor ihrem Aufenthalt aufgelassen worden war. Das ehemalige Kloster kann besichtigt werden und lockt täglich zahlreiche Touristen auf den Spuren von Chopin und Sand nach Valldemossa.

9 Die Araberfestung auf dem Tafelberg

Zum Castell d'Alaró

Leicht | 5 km | 330 Hm | 2.30 Std.

Tourencharakter
Einfache Wanderung auf gut ausgebauten Wegen. Sie führt zu Beginn durch Olivenhaine und steile Wandhänge und dann auf alten Plattenwegen auf das aussichtsreiche Gipfelplateau. Auf dieser Tour ist die Mitnahme von Hunden verboten.

Markierung
Wegweiser und Markierungspfosten

Ausgangs-/Endpunkt
Coll d'Orient
(39.736 / 2.775)

Anfahrt
Auto: Man folgt der Ma-2100, die von Alaró über Orient nach Bunyola führt. Ca. 1,5 km östlich von Orient beginnt bei Km 11,8 an dem mit einem Hinweisschild gekennzeichneten Coll d'Orient die Wanderung (wenige Parkmöglichkeiten entlang der Straße).
Bus & Bahn: Keine öffentlichen Verkehrsmittel

Karte
Editoral Alpina 1:25 000 Tramuntana Central

Einkehr
In der Bar neben dem Gipfelkirchlein

Auf keinem anderen Berg lässt sich die mallorquinische Geschichte so unmittelbar erleben wie auf dem Puig d'Alaró. Die Steilwände des markanten Tafelbergs werden von den Resten einer maurischen Burg gekrönt, und im Mittelalter wurde die Gipfelkirche zum viel besuchten Wallfahrtsort.

Zum Castell d'Alaró Am Coll d'Orient zweigt von der Ma-2100 bergwärts eine Schotterpiste ab, die schon bald durch ein Tor versperrt ist (Wegweiser »Castello«). Am Tor vorbei gelangen wir auf die Fortsetzung der Schotterstraße und folgen kurz darauf dem linken Ast, der oberhalb eines Wasserbeckens in den Olivenhain führt. Nach einer Leiter, die uns neben einem weiteren Tor über einen Zaun führt, geht er in einen schmaleren Pfad über. Wir wandern nun ohne Mühe auf gleichbleibender Höhe an

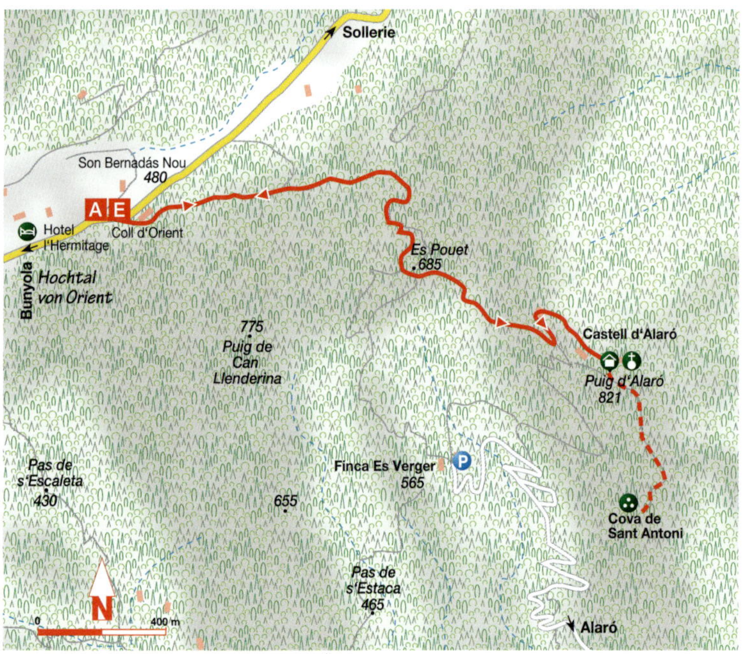

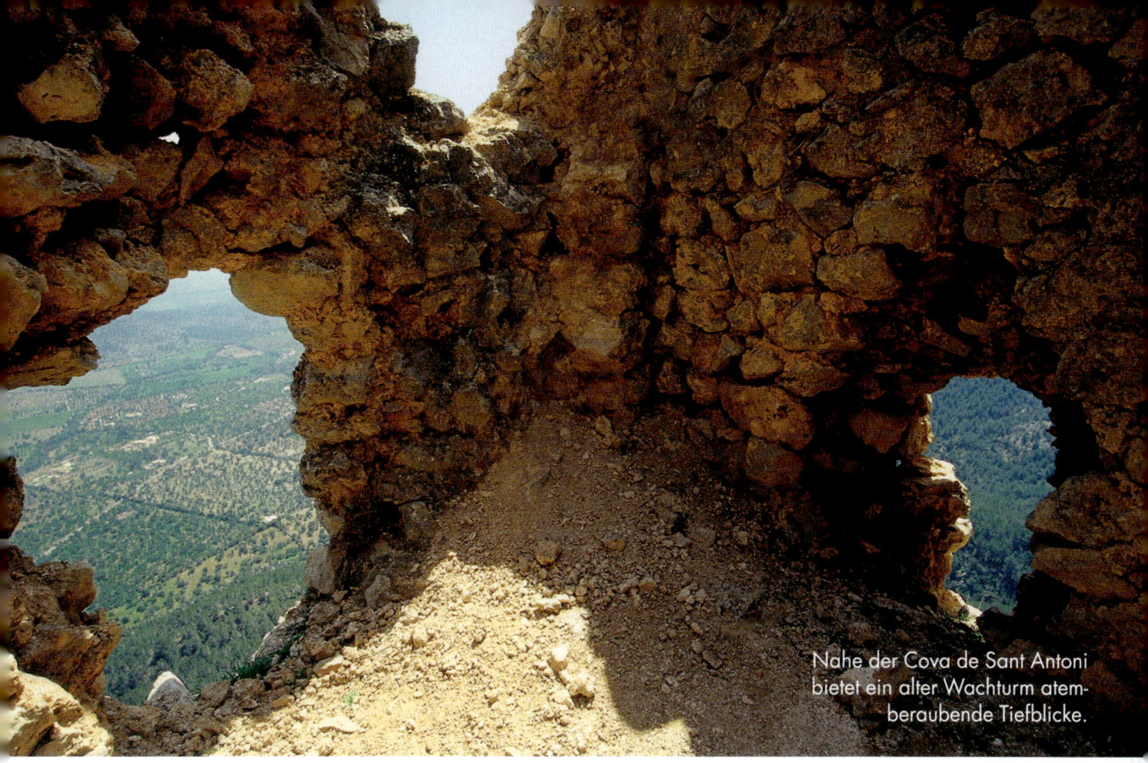

Nahe der Cova de Sant Antoni bietet ein alter Wachturm atemberaubende Tiefblicke.

knorrigen Olivenbäumen vorbei auf die bewaldeten, von Felstürmen gekrönten Hänge des Puig d'Alaró zu. Kurz vor dem Ende des gepflegten Olivenhains beginnt der Anstieg. Der Steig windet sich bald steil durch den Wald aufwärts, bis wir auf einen breiten Weg treffen. Auf ihm wandern wir rechts zum nahen Parkplatz am Bergsattel Es Pouet, zu dem man von Alaró auf einer staubigen Piste hinauffahren kann.

Im Sattel beginnt links der alte Pflasterweg zur Gipfelfestung, der uns im Auf und Ab zu einer Weggabelung unterhalb der glatten, senkrecht abfallenden Steilwände bringt. Wir halten uns links (Wegweiser »Castell d'Alaró«) und steigen bald durch die Toranlage der alten Burg hinauf zur Hochfläche des Puig d'Alaró. Der breite Weg führt anfangs nahe an den Steilabstürzen zur Linken entlang. Sie bieten

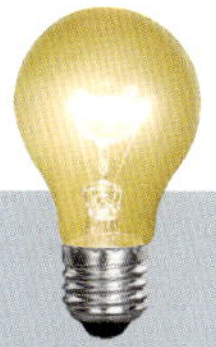

Das Castell d'Alaró

Die arabischstämmigen Mauren bauten während ihrer Herrschaft über Mallorca den Burgberg von Alaró zu einer scheinbar uneinnehmbaren Festung aus. Doch 1231 übergab der letzte maurische Kommandant im Zuge der christlichen Rückeroberung das Kastell kampflos an König Jaume I. Im Jahr 1285 eroberte König Alfons III. von Aragon Mallorca. Die Verteidiger des Castell d'Alaró hielten jedoch ihrer alten Herrscherfamilie die Treue. Als Alfons III. erst nach einer verlustreichen Belagerung die Festung erobern konnte, ließ er aus Rache die beiden Burgkommandanten bei lebendigem Leib auf einem Rost braten. Die Gipfelkapelle Nostra Senyora del Refugi, in der seither die beiden Männer als Symbol mallorquinischer Unabhängigkeit verehrt werden, wurde zum Ziel einer beliebten Wallfahrt.

einen wahrlich atemberaubenden Tiefblick ins Tal, über dem der benachbarte Tafelberg Puig de s'Alcadena eindrucksvoll aufragt.

Auf dem harmlosen Weg geht es schließlich über das breite Gipfelplateau zum Kirchlein und zur Herberge auf dem Puig d'Alaró. Der höchste Punkt des Berges (822 m) liegt wenige Meter links oberhalb. Vom Gipfel wandern wir anschließend auf dem Anstiegsweg zurück zum Ausgangspunkt am Coll d'Orient.

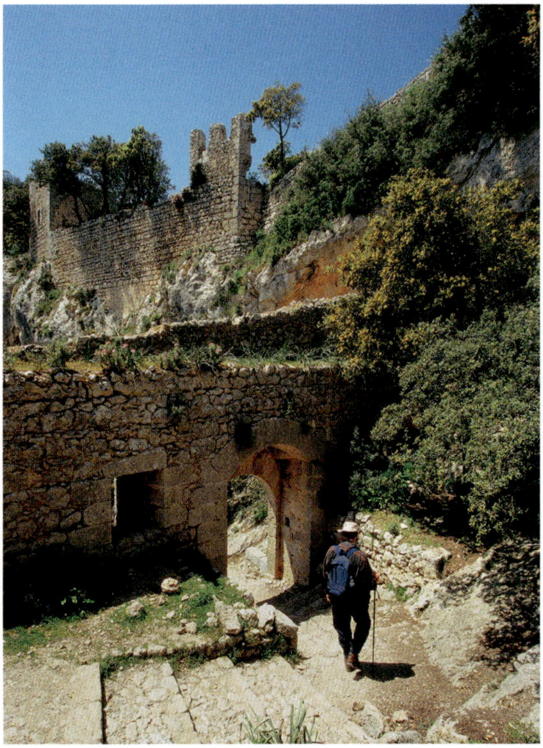

Der Weg führt uns durch die alten Befestigungsanlagen der Gipfelburg.

Abenteuerlicher Abstecher zur Höhle des St. Antoni (30 Min.)

Höhle des St. Antoni Nur versierte Bergsteiger mit ausgezeichneter Trittsicherheit sollten diesen Abstecher, auf dem Absturzgefahr besteht, unternehmen!

Vom höchsten Punkt des Puig d'Alaró steigen wir über harmlose Felsen auf der Rückseite der letzten Gebäude ab. Hier beginnt eine von der Erde rot gefärbte Wegspur, die über Felsplatten zu einem ebenen Platz im Kiefernwald führt. Von dort folgen wir rechts haltend den Steinmännern durch Wald und über Felsen abwärts zum südlichen Steilabbruch der Hochfläche. Hier biegt der Steig nach rechts und leitet uns am Rand der schwindelerregenden Wände zum alten Wachturm an der Südspitze des Puig d'Alaró, der einen wahrlich atemraubenden Tiefblick bietet. Etwa 20 Meter vor dem Turm findet man eine enge Spalte, die in die Cova de Sant Antoni führt. Nach wenigen Metern kriecht man um einen Tropfstein und erblickt das Licht am Ende des Tunnels. Es kommt aus der großen, nur wenige Meter entfernten Höhle des St. Antoni. Da der schräg abfallende, glitschige Boden der Hauptgrotte haltlos in senkrecht abfallende Steilwände übergeht, sollte man sich mit einem gefahrlosen Blick vom Ende der engen Röhre aus begnügen! Der Weg zu einem Wasserbecken und zu einem Altar bleibt furchtlosen, seilgesicherten Alpinisten vorbehalten.

Von der Höhle steigen wir wieder auf dem bekannten Weg hinauf zum Gipfel des Puig d'Alaró.

Rechte Seite: Weit streckt sich das Felskap Punta de Sa Foradada ins Meer.

Vom Herrenhaus zur durchlöcherten Halbinsel

10

Son Marroig und die Punta de Sa Foradada

Tief unter dem herrlich gelegenen Landgut Son Marroig sticht die Halbinsel Sa Foradada (»die Durchlöcherte«) ins Meer. An der Bucht unter dem namengebenden Felsfenster kann man baden, im beliebten Restaurant einkehren oder den Gipfel über dem 14-Meter-Loch erklimmen.

Abwärts zur Küste Vom Parkplatz gehen wir zum nahen Herrenhaus Son Marroig und kaufen uns, selbst wenn wir das herrlich gelegene Anwesen nicht besichtigen wollen, eine Eintrittskarte – denn der Weg hinab zur Halbinsel Sa Foradada führt über Privatbesitz, und die Karte beinhaltet die Erlaubnis für die Nutzung der Privatwege.

Vom Eingang zum Herrenhaus gehen wir nicht links zurück zum Parkplatz, sondern auf der Teerstraße rechts aufwärts. Nach

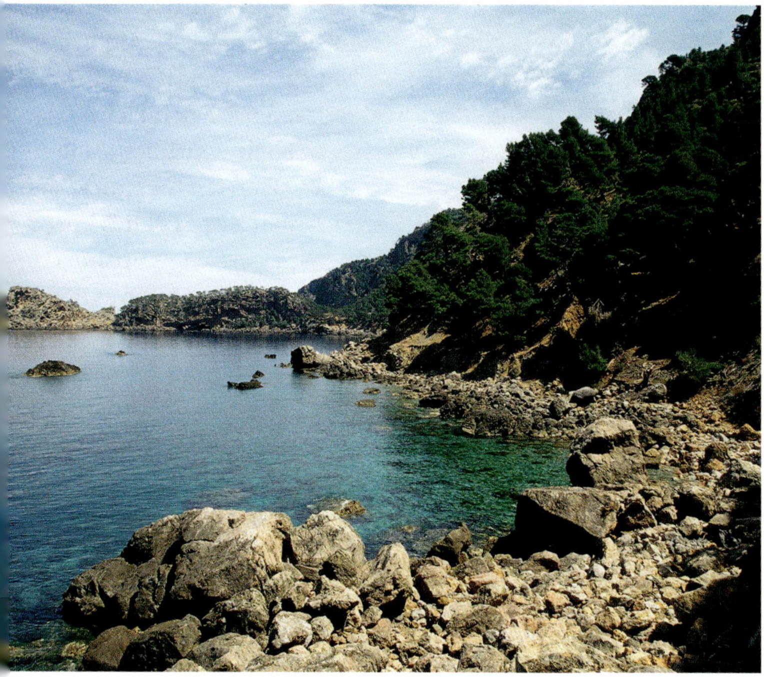

Leicht	5,5 km	280 Hm	2.30 Std.

Tourencharakter
Einfache und aussichtsreiche Wanderung auf breiten Wegen zur kleinen Badebucht und dem beliebten Ausflugslokal am durchlöcherten Fels. Am Beginn der Tour muss man im Herrenhaus Son Marroig eine Eintrittskarte kaufen (2014: 4 Euro pro Person, Kinder unter 12 frei).

Markierung
Wegweiser

Ausgangs-/Endpunkt
Das Landgut Son Marroig (39.751 / 2.629)

Anfahrt
Auto: Das Landgut Son Marroig liegt zwischen Valldemossa und Deia an der Ma-10, die an der Nordküste entlangführt. Bus & Bahn: In Son Marroig liegt die Haltestelle »Sa Foradada« der Buslinie 210, die Palma mit Port de Sóller verbindet.

Karte
Editoral Alpina 1:25 000 Tramuntana Central

Einkehr
Von März–Okt. haben das herrlich gelegene Restaurant »Sa Foradada« am Umkehrpunkt der Wanderung auf der Halbinsel Sa Foradada und das Restaurant »Mirador de na Foradada« am Ausgangspunkt geöffnet.

knapp 100 Metern hilft uns neben einem Tor eine Metallleiter über die Mauer. Das Schild »No pasar sin autorizacion« dürfen wir dank der Eintrittskarte ignorieren. Wir wandern nun auf dem Feldweg durch Olivenhaine sanft abwärts und halten uns an einer beschilderten Weggabelung rechts. Kurz darauf erreichen wir am Rand der Steilabbrüche einen Mirador. Er bietet uns einen herrlichen Tiefblick zur Halbinsel Sa Foradada, die ihren Namen »die Durchlöcherte« dem riesigen Loch verdankt, das die roten Felsen durchbricht.

Vom Aussichtspunkt geht es auf der breiten Schotterstraße steiler abwärts. Ein weiteres Tor wird passiert, und die breite Schotterstraße pendelt in teils weiten Serpentinen durch den steilen Hang abwärts. Ein Treppenweg, den sich der Erzherzog anlegen ließ, zweigt zu einem weiteren kleinen Mirador ab. Aber auch ohne den kurzen Abstecher ergeben sich immer wieder herrliche Blicke zur Halbinsel mit dem Felsfenster, durch das das blaue Meer leuchtet. Weit unten führt uns der Weg an steilen Wänden und spitzen Felstürmen vorbei, und wenig später erreichen wir eine Wegkreuzung am Beginn der Halbinsel. Links zweigt der »Camí pérdua« ab, der »verlorene Weg«, der einst als Küsten-

Erzherzog Ludwig Salvator

Von 1866 bis zu seinem Tod 1915 lebte der Habsburger Erzherzog Ludwig Salvator auf Mallorca. Fernab des Wiener Hofs konnte der Kosmopolit, der zehn Sprachen beherrschte, das Leben nach seinen Vorstellungen gestalten. Der bis heute auf Mallorca verehrte Arxiduc Lluís Salvador setzte sich für den Erhalt der mallorquinischen Kultur und Natur ein und verfasste ein fünfbändiges Werk über die Insel. Er erwarb dort ausgedehnte Ländereien und ließ atemberaubende Reitwege anlegen (s. Tour 8). Ganz besonders liebte er die Gegend zwischen Valldemossa und Deiá. Hier ließ er neben dem ehemaligen Kloster Miramar auch das Herrenhaus Son Marroig zu einem prächtigen Landgut umgestalten. Umgeben wird Son Marroig von einem zauberhaften Garten – dort genießt man vom weißen Marmortempelchen aus einen herrlichen Blick auf die Küste.

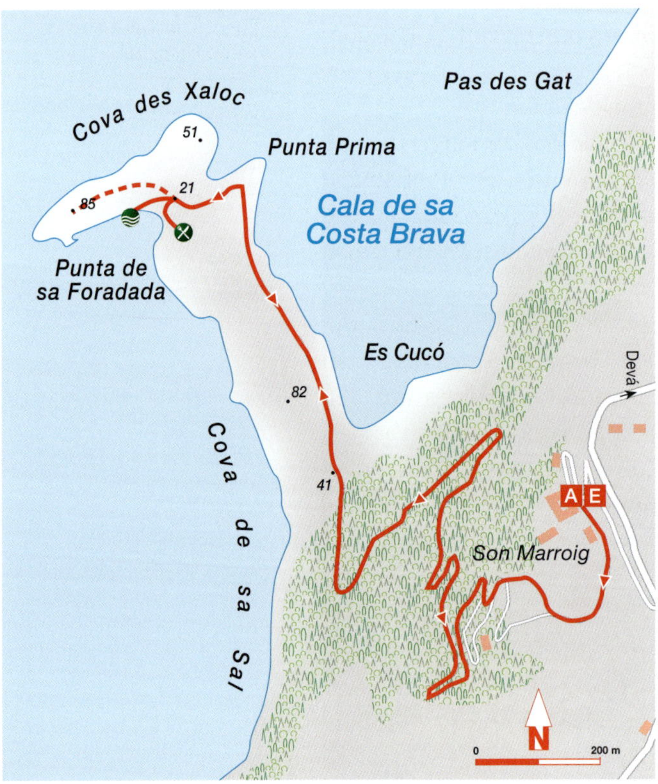

weg für den Erzherzog angelegt wurde. Später wurde er von den Winterstürmen ins Meer gespült, und auf der abenteuerlichen Tour entlang der Küste sind heute nur noch wenige Reste zu erkennen.

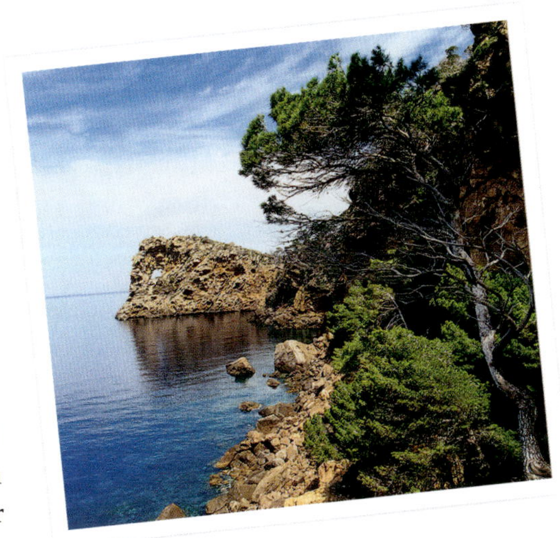

Ein riesiges Felsenfenster durchbricht die Spitze der Foradada-Halbinsel.

Zum durchlöcherten Kap Wir gehen hier jedoch geradeaus auf die Halbinsel, die sich weit ins Meer hinausstreckt. Zwischen dem Wald, der den felsigen Höhenrücken bedeckt, und den schräg ins Meer abfallenden Felskippen durchzieht der herrlich angelegte Weg oberhalb der Bucht es Cucó den Ostabfall der Halbinsel. An einem Landvorsprung knickt der Weg nach links und erlaubt uns einen Nahblick auf den vorderen Bereich der Halbinsel, der als felsiger Querriegel dem Meer trotzt. Durch senkrechte Klippen führt uns der breite Weg schließlich zu einer Weggabelung. Links hinauf windet sich ein Weg in Kurven zum nahen, herrlich gelegenen Restaurant »Sa Foradada«. Den eindrucksvollen Blick vom urigen Lokal über die kleine Bucht zum riesigen Felsloch genossen schon Stars wie Tom Hanks, Michael Douglas und Rafael Nadal.

Wendet man sich nach rechts, erreicht man nach wenigen Schritten den Sattel vor dem letzten Felsaufschwung. Der Weg knickt hier links in die nahe Felsbucht Raco de Sa Foradada, in der die Ausflugsboote anlegen. Hier kann man vom Anleger einen Sprung ins kristallklare Wasser wagen.

Ganz Abenteuerlustige können sogar vom Sattel oberhalb der Bucht einen Abstecher auf das felsige Vorgebirge machen: Man klettert links haltend durch die gut gestuften Felsen auf den Bergrücken und folgt dann links den Spuren zur weißen Vermessungssäule auf dem höchsten Punkt, die fast genau über dem Felsfenster liegt. Von hier oben hat man eine wahrhaft atemberaubende Aussicht über die Nordküste bis hin zum im Frühjahr noch schneebedeckten Puig Major.

Nach einer Einkehr im Restaurant »Sa Foradada« wandern wir auf dem bekannten Weg, der nun im Aufstieg um einiges anstrengender ist, wieder hinauf zum wundervollen Herrenhaus Son Marroig, das wir zum Abschluss noch besichtigen. Dort liegt uns die Wegstrecke der gesamten Tour nochmals zu Füßen.

11 Auf alten Pilgerwegen durch die wilde Schlucht

Im Barranc de Biniaraix

Mittel | 5 km | 370 Hm | 2.45 Std.

Tourencharakter
Nicht allzu schwere Wanderung durch eine beeindruckende Schlucht. Der Hinweg verläuft auf einem auf längeren Abschnitten renovierten Steinplattenweg am Grund der Schlucht, der Rückweg führt auf steinigen Pfaden über einen Bergsattel.

Markierung
Wegweiser und Farbpunkte

Ausgangs-/Endpunkt
Das Dörfchen Biniaraix (39.771 / 2.736)

Anfahrt
Auto: Bei Anfahrt mit dem Auto kann man der Beschilderung nach Biniaraix durch die verwinkelten Gassen von Sóller folgen. Besser aber fährt man auf der Ma-11 von Sóller Richtung Port de Sóller, biegt dann rechts in die nach Lluc und Pollença ausgeschilderte Ma-10 und folgt nach kurzer Fahrt rechts der nach Fornalutx und Biniaraix ausgeschilderten Ma-2121. Nach 2,5 km und nach 3,5 km zweigen rechts enge Straßen nach Biniaraix ab. Vor dem Dorf gibt es jeweils eingeschränkte Parkmöglichkeiten am Straßenrand. Bus & Bahn: In der Nähe von Biniaraix liegt die Haltestelle »l'Horta de Biniaraix« der Buslinie 212, die Port de Sóller mit Fornalutx verbindet.

Karte
Editoral Alpina 1:25 000 Tramuntana Central

Einkehr
In Biniaraix

Von Biniaraix führte einst ein viel begangener Wallfahrtsweg durch den Barranc de Biniaraix nach Lluc. Auf dem perfekt renovierten Plattenweg erkunden wir die eindrucksvolle, von steilen Bergen eingerahmte Bucht und wandern über einen Pass zurück zu den Orangengärten von Biniaraix.

Durch den Barranc de Biniaraix Wir gehen auf einer der Gassen durch das malerische Dörfchen Biniaraix aufwärts zum oberen Ortsrand. Dort beginnt neben dem alten Waschhaus die Wanderung in den Barranc de Biniraix. Wir folgen dem zum Barranc, nach Cuber und als Weitwanderweg GR 221 ausgeschilderten Fahrweg, von dem sich ein schöner Blick auf das fruchtbare Tal und auf Biniaraix bietet.

Nach wenigen Minuten wechseln wir rechts auf einen Pflasterweg, der nach kurzer Strecke das meist trockene Bachbett des

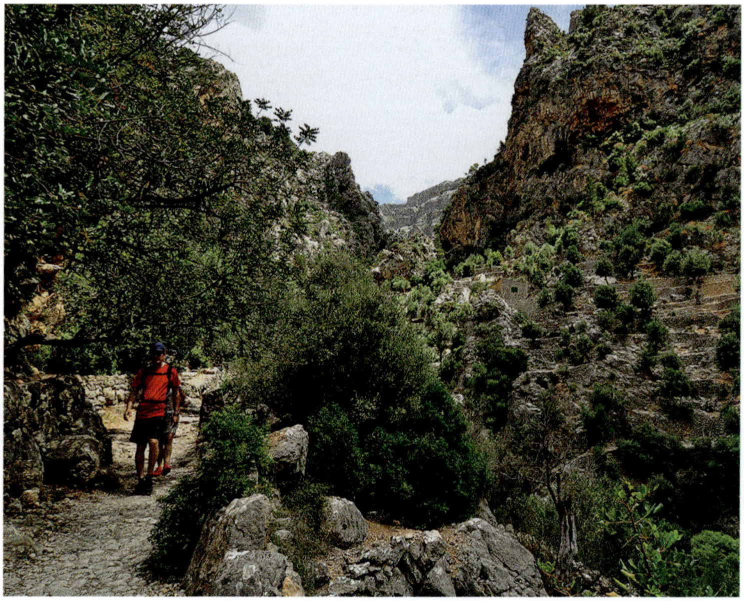

Torrent de Biniraix quert. Der aufwendig renovierte Pflasterweg führt uns nun durch Olivenhaine taleinwärts. Nach einem Anstieg bleibt der erste, rechts abzweigende Pflasterweg unbeachtet, und wenig später erreichen wir eine zweite Wegkreuzung. Rechts biegt der »Camí Vell« ab, den wir später am Rückweg begehen werden.

Wir folgen links haltend dem auch als GR 221 ausgeschilderten »Camí de Barranc«, der im Tal bleibt, und überqueren vor dem engsten Abschnitt der Schlucht auf einer Brücke den Torrent de Biniaraix. Der wundervoll angelegte Pflasterweg windet sich in Serpentinen über den Talhang aufwärts und quert dann entlang einer alten Wasserleitung in die enge Schlucht.

Ab hier führt der Torrent meist Wasser, und verlockend rauscht das kühle Nass über zahlreiche Wasserfälle und sammelt sich in grün schimmernden Pools. Der Bach wird mehrmals auf Brücken überquert, und schließlich steigen wir durch Olivenhaine in den weiten Talschluss hinauf, der von einem Kranz wilder Felsberge eingefasst wird. Kaum vorstellbar, wo sich der alte Pilgerweg nach Lluc durch die felsdurchsetzten Steilhänge schwindelt!

Der Weg quert bald den Torrent des Verger, der von links herabkommt, und kurz darauf zweigt links ein Weg bei einigen Häusern ab. Wir folgen jedoch geradewegs dem eben verlaufenden Hauptweg, der nach einer Trinkquelle wieder ansteigt. Bald knickt der Hauptweg an einer ersten Kehre nach links.

Linke Seite: Purer Wandergenuss – unterwegs auf dem alten Pflasterweg
Unten: Selbst an schwer zugänglichen Hängen wurden früher Terrassenfelder angelegt.

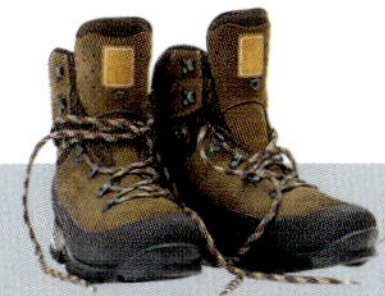

Der Weitwanderweg GR 221

Der ca. 150 km lange Fernwanderweg GR 221 führt in acht Etappen von Port d'Andratx durch den gesamten Gebirgszug der Serra de Tramuntana nach Pollença. Da der Weitwanderweg großteils auf alten Verbindungs- und Wallfahrtswegen verläuft, die, gestützt von Trockenmauern, durch die steile Gebirgslandschaft führen, trägt er auch den Namen »Route der Trockenmauern«. Bisher sind noch nicht alle Etappen beschildert und nicht alle Übernachtungsstützpunkte eingerichtet. Doch das Herzstück der Langstreckenwanderung von Deià über Sóller und Lluc nach Pollença ist bestens beschildert, wie man auf der Tour in den Barranc de Biniaraix feststellen kann.

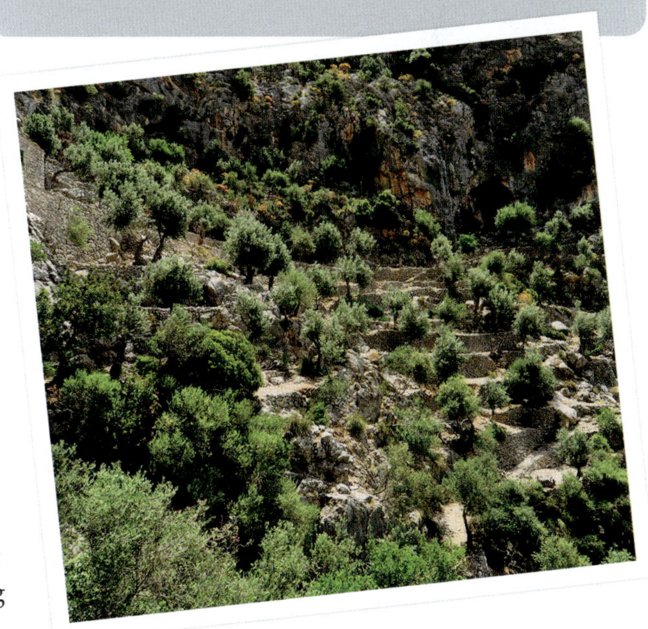

Auf dem Camí Vell zum Coll d'en Se

Wir folgen an der Kehre rechts haltend dem als »Camí Vell« ausgeschilderten Pfad, der uns nach kurzer Strecke durch den Wald zum Torrent de Biniaraix führt. Links kann man über die moosbewachsenen Felsen zu einem nahen Wasserfall aufsteigen, der eindrucksvoll über glatt gewaschene Felsen zu Tal stürzt. Die Gorg de Can Canti, die von hier nach oben zieht, ist ein beliebter Spielplatz für Canyoning-Enthusiasten.

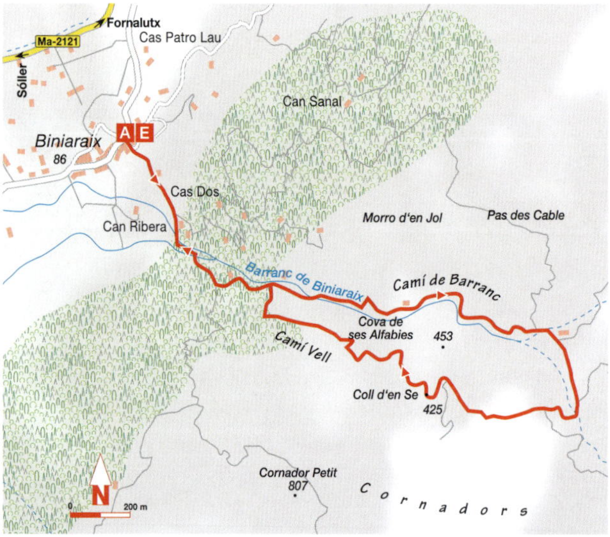

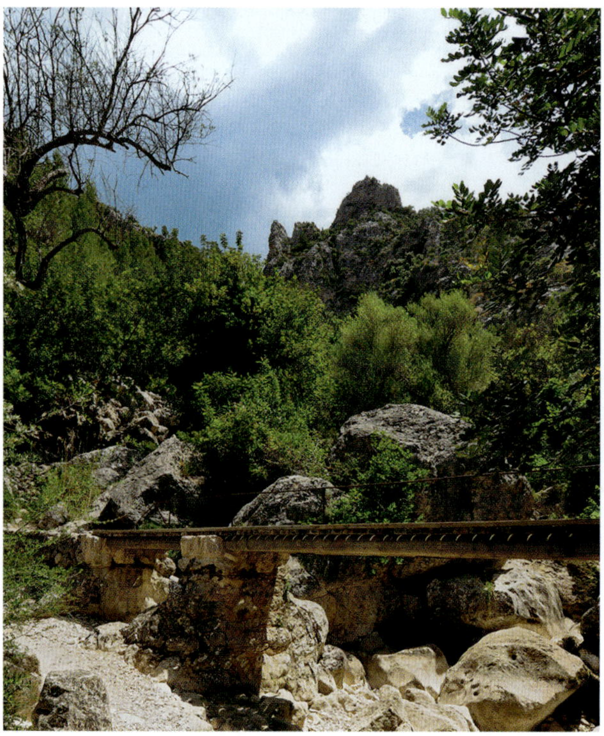

Unten: Mehrere Brücken führen über den Bach, der meist kaum Wasser führt.

Unser mit Wegpfosten markierte Weg quert jedoch das Bachbett und führt uns dann schräg ansteigend an einem Steinhäuschen vorbei über einen terrassierten, mit Olivenbäumen bewachsenen Hang. An einem markanten Felsturm ist der Anstieg zu Ende, und wir können den imposanten Blick auf den tief eingeschnittenen Barranc de Biniaraix und seine wilde Felsumrahmung genießen.

Ohne Mühe wandern wir jetzt auf dem fast eben verlaufenden Weg zum nahen, von einer Felsnadel überragten Coll d'en Se (440 m), an dem sich der wundervolle Blick zum fruchtbaren Talkessel von Sóller und hinaus auf das blaue Meer öffnet. Hoch über uns ragen die eindrucksvollen Steilwände des Cornadors-Massivs in den Himmel.

Zurück nach Biniaraix

Vom Pass windet sich jenseits ein alter, aussichtsreicher Pflasterweg im Zickzack durch den steilen Hang abwärts. In früheren Zeiten haben hier arme Bauern mit unendlicher Mühe Terrassen angelegt.

Nach zahlreichen Serpentinen weist kurz oberhalb einer Kehre, an der

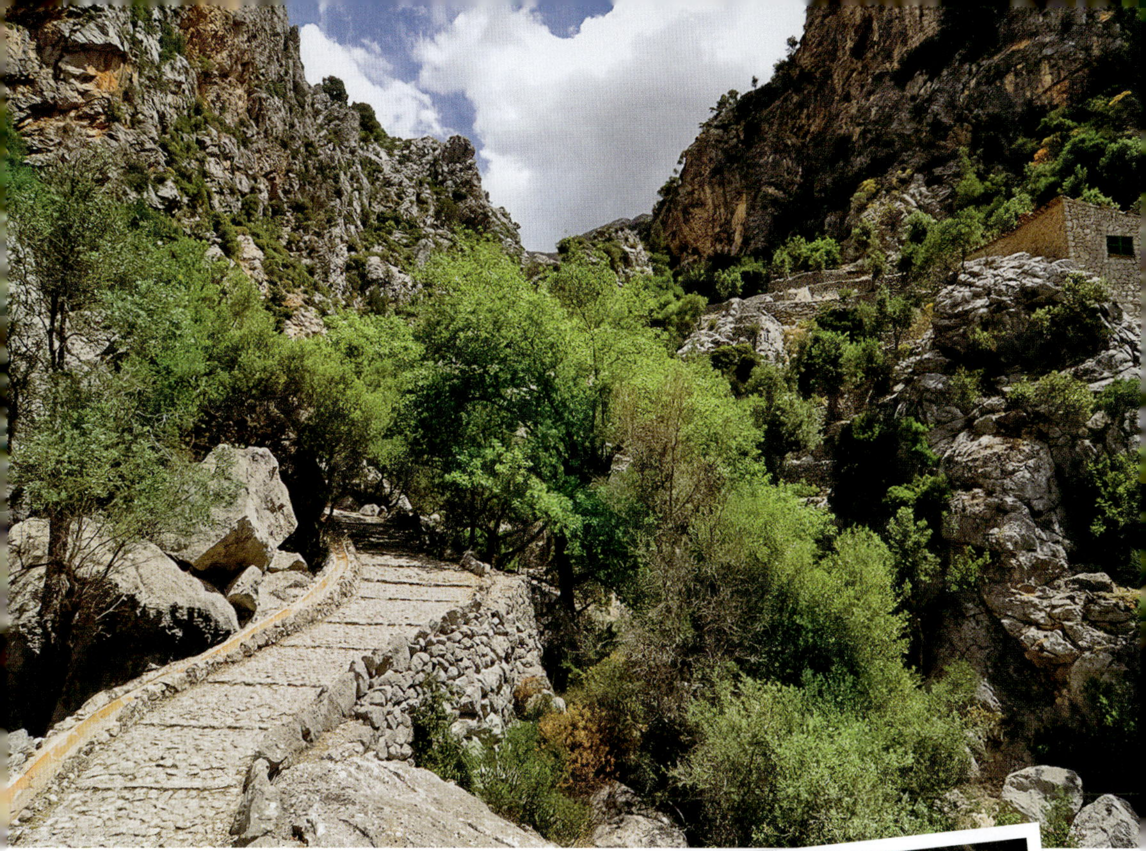

sich der Weg weit nach links wendet, ein blauer Pfeil am Wegrand nach rechts – hier beginnt der kurze, abenteuerliche Abstecher zur Cova de ses Alfàbies. Wir steigen, dem Pfeil folgend, schräg aufwärts und lassen uns von weiteren Farbmarkierungen zu einem kurzen Treppenweg leiten, der in die Cova de ses Alfàbies führt. In der kühlen Grotte wird das Wasser der Tropfsteine in Tongefäßen gesammelt, und in einige Stalaktiten wurden kleine Figuren gemeißelt.

Zurück am Abzweig folgen wir weiter dem Hauptweg abwärts, der links haltend durch den Talhang quert. Flachere Passagen wechseln mit steileren, die Wegführung bleibt aber immer eindeutig. Nach und nach verlieren wir an Höhe und kommen dem Talboden näher. Am Ende des Abstiegs halten wir uns nach einem Metalltor rechts und treffen nach wenigen Metern auf unseren Aufstiegsweg. Auf dem Pflasterweg wandern wir links zurück in das nicht mehr allzu weit entfernte Biniaraix.

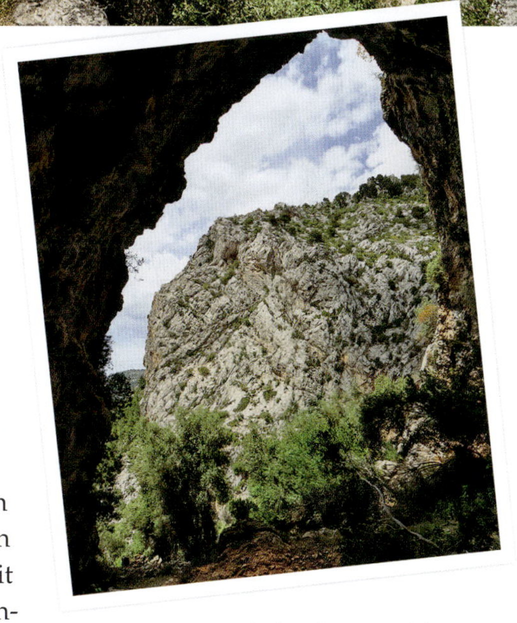

Hoch über dem Grund der Schlucht liegt die Cova de ses Alfàbies.

Ganz oben: Der alte, perfekt renovierte Pilgerweg schlängelt sich durch die wilde Schlucht.

12 Das Hügelland über der weiten Bucht

Rund um Port de Sóller

Leicht | 5,5 km | 210 Hm | 2 Std.

Tourencharakter
Einfache, aussichtsreiche Wanderung auf alten Pflasterwegen und am Ende auf einer wenig befahrenen Teerstraße

Markierung
Wegweiser und Markierungspfosten

Ausgangs-/Endpunkt
Die Platja d'en Repic am Südrand der Bucht von Port de Sóller (39.790 / 2.692)

Anfahrt
Auto: Man fährt von Sóller auf der Ma-2124 Richtung Port de Sóller und verlässt vor dem Umgehungstunnel, der Beschilderung nach en Repic folgend, die Hauptstraße. Nun entweder nach kurzer Strecke links auf die zur Platja d'en Repic ausgeschilderte Nebenstraße und auf ihr bis zu einem kleinen Parkplatz hinter den Strandhotels. Oder aber auf der Hauptstraße geradeaus und nach 400 m kurz vor der verkehrsberuhigten Zone an der Bucht von Port de Sóller links auf einen Parkplatz.
Bus & Bahn: Port de Sóller ist Endpunkt mehrerer Buslinien. Eine historische Trambahn fährt vom Bahnhof in Sóller nach Port de Sóller; die Haltestelle »Sa Torre« liegt nahe der Platja d'en Repic.

Karte
Editoral Alpina 1:25 000 Tramuntana Central

Einkehr
Am Cap Gros und in Port de Sóller

Von Port de Sóller führt uns diese Tour auf alten, mit Steinplatten belegten Wegen hinauf ins Hügelland. Vorbei an knorrigen Olivenbäumen und der wehrhaften Muleta Gran wandern wir zum Leuchtturm am Cap Gros, von dem sich ein herrlicher Blick auf Meer und Berge bietet.

Vom Port de Sóller zur Muleta Gran

Von der Straßenbahnhaltestelle »Sa Torre« an der Bucht von Port de Sóller wandern wir links auf der Strandpromenade an der Platja d'en Repic entlang. Am schönen Strand am Südrand der Bucht von Port de Sóller können wir am Ende der Tour ein erfrischendes Bad genießen oder uns in einem der Restaurants stärken.
Nach dem kleinen Hotel »los Geranios« biegen wir links in eine Seitengasse, die geradewegs in die Zufahrtsstraße zum Ortsteil Repic und zum Cap Gros übergeht. Wir wandern auf ihr 500 Me-

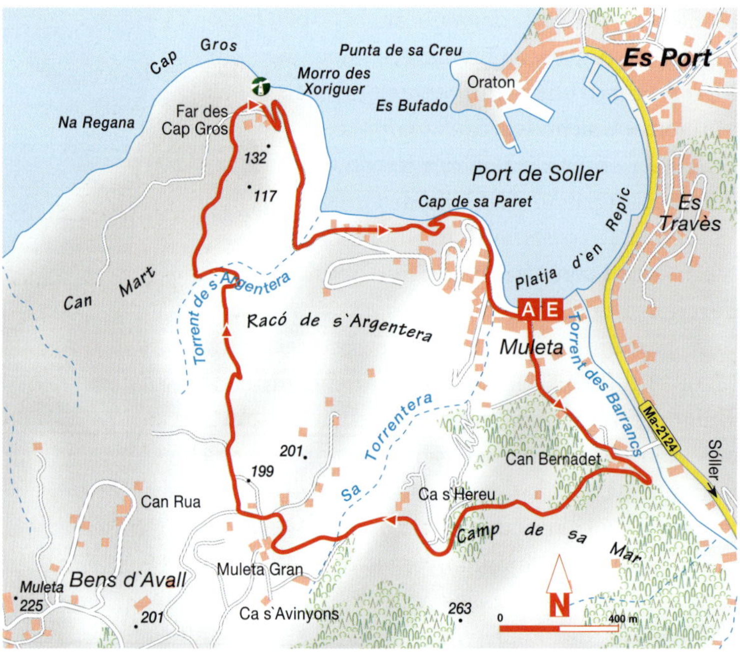

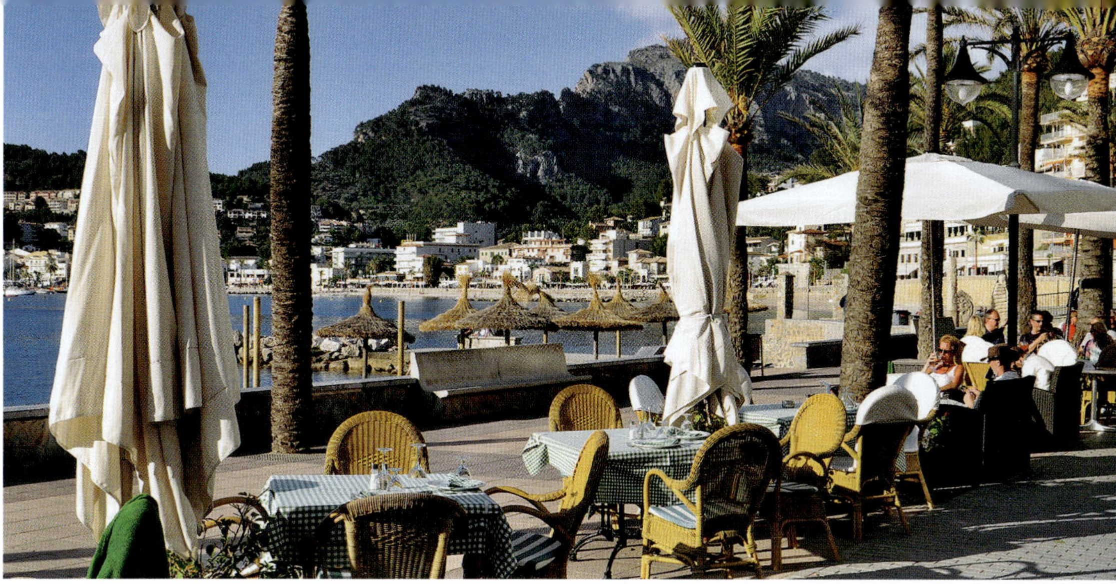

Ausgangs- und Endpunkt der Tour ist die Promenade an der Platja d'en Repic.

ter landeinwärts Richtung Sóller und folgen dann dem Wegweiser Richtung Deià, Sóller und Muleta nach rechts. Vorbei an der Ruine des ehemaligen Hotels »Rocamar«, dessen Abriss schon seit langer Zeit angekündigt wird, erreichen wir eine Wegkreuzung. Wir biegen rechts in den alten, nach Deià und zur Muleta ausgeschilderten Pflasterweg, der sich in Serpentinen durch den Waldhang nach oben schlängelt.

Ein Metalltor entlässt uns nach dem ersten Anstieg in einen Olivenhain; Markierungspfosten leiten uns geradewegs an den knorrigen alten Olivenbäumen vorbei, und zum ersten Mal öffnet sich der Blick zur Bucht von Port de Sóller, über der mächtig der Felsklotz des Puig Major aufragt.

Nach dem Hain setzt bald wieder der alte Pflasterbelag ein, und grandiose Ausblicke auf Meer und Berge lassen uns die Steigung vergessen. Am Ende des Hauptanstiegs erreichen wir die herrlich gelegene Muleta de Ca s'Hereu, an der man bei frisch gepresstem Orangensaft und kleinen Snacks eine aussichtsreiche Rast einlegen

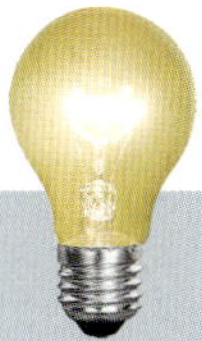

Port de Sóller und Sóller

Schon Phönizier, Griechen und Römer siedelten im weiten Talbecken von Sóller, das mit der weit geschwungenen Bucht von Port de Sóller den einzig sicheren Hafen an der gesamten Nordküste von Mallorca besitzt. Die Mauren verwandelten den Talboden mit Hilfe ausgeklügelter Bewässerungsanlagen in den blühenden Garten »Horta de Sóller«; von ihrer Ortsbezeichnung Suliar (»Tal des Goldes«) leitet sich der Name der Stadt ab. Die Produktion von Zitrusfrüchten, Feigen und Mandeln, die über den Hafen von Port de Sóller ausgeführt werden konnten, sicherte bis ins 20. Jh. hinein den Wohlstand der Stadt. Erst 1912 wurde das von hohen Bergen umschlossene Tal durch den Bau der Eisenbahnlinie nach Palma, auf der heute der historische Zug »Roter Blitz« verkehrt, an das übrige Mallorca angeschlossen. Und bis heute zuckeln die historischen Wagen der 1913 eröffneten Trambahnlinie vom Bahnhof in Sóller nach Port de Sóller.

kann. Der Weg führt uns anschließend flach in ein Tal und vom fast immer ausgetrockneten Bachbett an eigenwillig gerundeten Felsen vorbei aufwärts. Im unübersichtlichen Gelände weisen uns Steinmänner und Markierungspfosten verlässlich den Weg, der uns vorbei an uralten knorrigen Olivenbäumen zur Muleta Gran bringt.

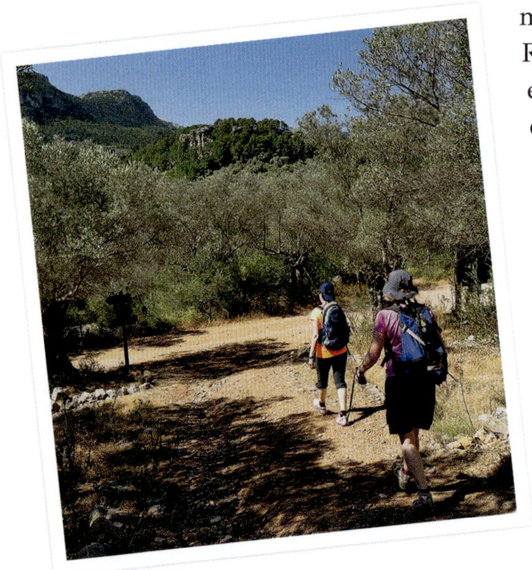

Breite Wege führen durch die Olivenhaine an der Muleta Gran.

Die wuchtige Finca, deren Geschichte bis in maurische Zeit zurückreicht, wird in einem Rechtsbogen umgangen. Der Weg führt über einen metallenen Viehtritt, und wenig später erreichen wir nach einem zweiten eine Schotterpiste, auf die wir geradewegs überwechseln. Nach kurzer Strecke gehen wir an der Zufahrt zur Finca, die mit ihrem Turm wie eine Burg wirkt, wieder geradeaus und biegen nach weiteren 100 Metern rechts in den zum Refugi di Muleta ausgeschilderten Weg.

Über das Cap Gros zurück nach Port de Sóller Der Weg führt kurz sanft aufwärts und dann rechts steinig durch Kiefernwald abwärts. Bald geht der Blick hinab zur Bucht von Port de Sóller und zu unserem nächsten Ziel, dem Leuchtturm am Cap Gros.

Vor dem Torrent de S'Argentera knickt unser Weg nach links und führt uns an einem markanten Fels vorbei zu einem alten Kalkbrennofen im Tal. Hier biegt er nach rechts und leitet uns durch den Wald zu einer beschilderten Weggabelung: Man kann nun entweder geradeaus zum Refugi de Muleta hinaufsteigen oder auf dem linken Weg das Hügelchen umgehen, auf dem die Unterkunft liegt. In beiden Fällen erreicht man nach wenigen Minuten den Parkplatz neben dem Leuchtturm am aussichtsreichen Cap Gros.

Vom Leuchtturm folgen wir rechts der Zufahrtsstraße, die in die steilen Hänge geschnitten ist, Richtung Port de Sóller. Da hier nur wenige Autos unterwegs sind, können wir die grandiose Aussicht auf die tief eingeschnittene Bucht von Port de Sóller und auf die wilden Berge der Serra de Tramuntana ungestört genießen. Nach und nach verlieren wir an Höhe und kommen dem Meer immer näher, bis unsere Tour an der Strandpromenade an der Platja d'en Repic endet.

Rechte Seite: Zu Beginn führt uns der Weg zum Puig de sa Bassa durch lichten Wald.

Auf den Hausberg von Fornalutx

13

Kurze Tour zum Puig de sa Bassa

Selten gibt es eine Wanderung, auf der der Aufwand in einem so günstigen Verhältnis zum Ertrag in Form einer grandiosen Rundumsicht steht. Und das Schönste daran: Die Tour ist nicht allzu bekannt, und man hat die Ausblicke und die Weltabgeschiedenheit meist für sich alleine.

Breite Wege und ein schmaler Pfad Am kleinen Park- und Picknickplatz auf der Ebene sa Bassa weist uns der Wegweiser nach Fornalutx die Richtung. Wir übersteigen mit Hilfe einer Leiter den Zaun und folgen an zwei nahen Gabelungen jeweils der breiten, mit Wegpfeilen markierten Forststraße. Sie schlängelt sich durch den Kiefernwald zu einer Weggabelung an einem Steinhäuschen. Die Wegpfeile Richtung Fornalutx zeigen hier

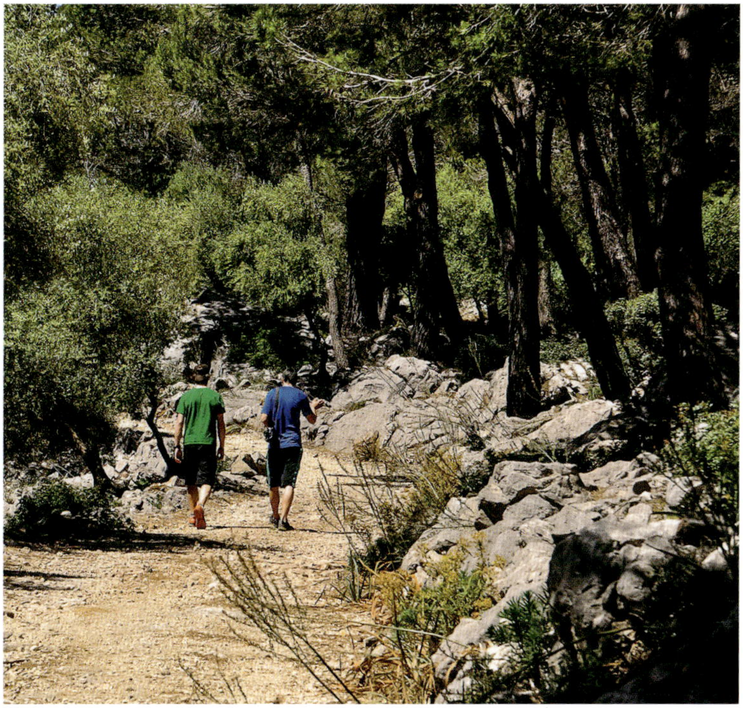

Leicht	4 km	300 Hm	2.15 Std.

Tourencharakter
Die einfache Wanderung verläuft zu zwei Dritteln auf breiten Forststraßen, dann auf einem schmalen, steinigen, aber nicht allzu steilen Steig. Vom Gipfel bieten sich herrliche Ausblicke auf die Küste, das Tal von Sóller und das Bergland.

Markierung
Im Gipfelbereich Farbpunkte und Steinmänner

Ausgangs-/Endpunkt
Der kleine Wanderparkplatz Sa Bassa-Fornalutx (39.794 / 2.746)

Anfahrt
Auto: Am Kreisverkehr zwischen Sóller und Port de Sóller zweigt die nach Lluc und Pollença ausgeschilderte Ma-10 in die Berge ab, auf der wir 9 km aufwärts fahren. Bei Km 42,3 liegen auf der Ebene sa Bassa rechts und links der Straße zwei Wanderparkplätze, wobei der kleinere oberhalb der Straße der Ausgangspunkt ist.
Bus & Bahn: Keine öffentlichen Verkehrsmittel

Karte
Editoral Alpina 1:25 000 Tramuntana Central

Einkehr
Keine

nach links, wir wandern aber auf der Wirtschaftsstraße rechts am Haus vorbei aufwärts. Sie windet sich nun in Kehren durch den Südhang der sa Bassa bergan. Nur noch wenige Bäume bieten hier Schutz vor der stechenden Sonne. Dafür genießen wir den freien Blick zum Penyal des Migdia, dem imposanten Felsberg am Westende des Puig-Major-Massivs.

Nach einer letzten Kehre quert unser Panoramaweg in westlicher Richtung den Hang. Unter uns liegt der grüne Talkessel von Sóller, und bald knickt der Weg um eine Hangkante nach rechts. Zum ersten Mal sehen wir hinauf zu unserem Ziel, dem Feuerwachturm auf dem Gipfel der sa Bassa, der näher erscheint, als er in Wirklichkeit ist. Die Felsen zur Linken bieten einen herrlichen Rastplatz mit einem Blick aus der Vogelperspektive auf die Bucht von Port de Sóller und auf die unendliche Weite des Meeres.

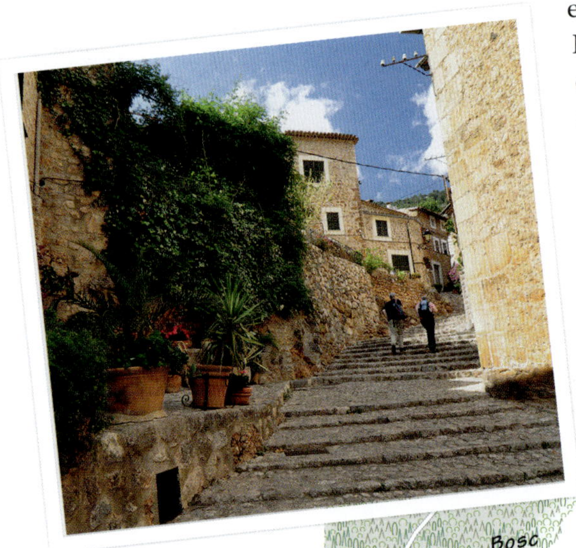

In den malerischen Gassen von Fornalutx, einem der schönsten Dörfer Mallorcas

Zum höchsten Punkt der sa Bassa Die Piste führt uns flach zu einem nahen Steineichenwäldchen, in dem wir auf

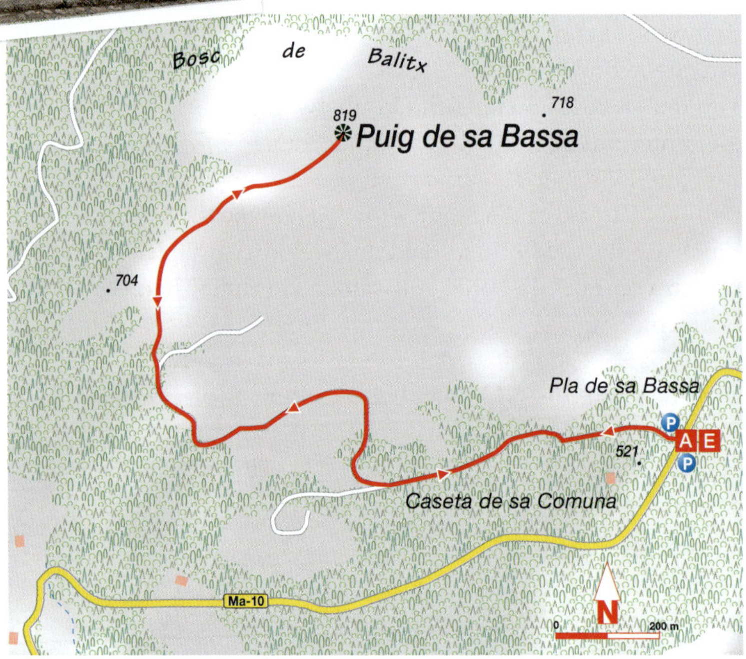

einen Querweg treffen. Auf ihm gehen wir wenige Meter nach rechts und finden links den mit Steinpfeilen und -männern markierten Beginn des schmalen Gipfelsteigs. Das deutliche, mit gelben Farbpunkten und Steinmännern markierte Weglein führt uns unter Schatten spendenden Steineichen bergan und kommt bald dem westlichen Bergabbruch nahe, von dem der Blick hinab zum Leuchtturm von Port de Sóller geht. Links an einem abgerundeten Felsrücken entlang führt uns der Steig schließlich auf die Gipfelhochfläche. Der Weg schwenkt nach rechts und bringt uns sanft ansteigend zum höchsten Punkt des Puig de sa Bassa (819 m).

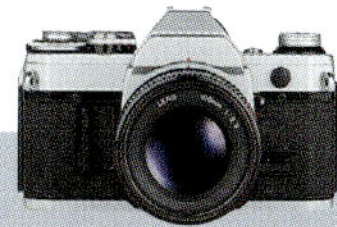

Dorfschönheit Fornalutx

Am Fuß der sa Bassa liegt inmitten ausgedehnter Zitronen- und Orangenplantagen das Bergdorf Fornalutx, das schon mehrmals den Wettbewerb zum »Schönsten Dorf Spaniens« für sich entscheiden konnte. Der Name geht zurück auf die arabischen Gründer und bedeutet übersetzt »Backofen am Hang«. Der Ort hat keine überragenden Sehenswürdigkeiten zu bieten, sondern begeistert vielmehr durch sein geschlossenes, malerisches Ortsbild. Am besten lässt man sich einfach treiben und erkundet die gepflasterten Gassen und Treppenwege, die sich zwischen den von üppiger Blumenpracht überrankten Steinhäusern den Berg hinaufwinden. Immer wieder ergeben sich wundervolle Ausblicke über Ziegeldächer und zinnengekrönte alte Wehrtürme zu den majestätischen Bergen ringsum. Am Ortsrand plätschert das Wasser in den uralten Leitungen, die die üppigen Gärten versorgen, und in einem der zahlreichen Cafés und Restaurants kann man den Tag wundervoll ausklingen lassen.

Für einen Feuerwachturm hätte man wohl kaum eine geeignetere Stelle finden können, denn von der sa Bassa bietet sich ein überwältigender Rundumblick: Tief unter uns liegt im Süden der fruchtbare Talkessel von Sóller mit dem Dörfchen Biniaraix, das von den imposanten Steilwänden des Cornador überragt wird. Nach Norden geht der Blick hinab auf die wilde Küste und das weltabgeschiedene Bergland östlich von Port de Sóller mit seinen einsamen Bergen, wilden Schluchten und abgelegenen Fincas, und im Osten setzt sich das alles überragende Massiv des Puig Major in Szene. Weit hinter dem Berg mit der Militärstation auf dem Gipfel ragt der Puig Roig über der unzugänglichen Nordküste auf, und in dieser Richtung liegt am Fuß der sa Bassa die weltabgeschiedene Finca von Montcaire, die von ihrem Besitzer zu einem noblen Landsitz ausgebaut wurde. Die alten Verbindungswege, die über seine Ländereien führen, hat er leider allesamt für die Öffentlichkeit gesperrt. Vom Gipfel wandern wir auf dem bekannten Weg zum Ausgangspunkt.

14 Auf das »Matterhorn« Mallorcas

Schwierige Tour auf den Puig de ses Vinyes

Schwer | 5 km | 300 Hm | 2.45 Std.

Tourencharakter
Schwierige Bergtour auf einen nur selten bestiegenen Gipfel. Die in weiten Teilen weglose Tour verlangt etwas Orientierungssinn und sollte nur bei guter Sicht unternommen werden. Für die steilen Gipfelfelsen ist etwas Klettererfahrung und absolute Trittsicherheit geboten! Insgesamt die anspruchsvollste Tour in diesem Buch

Markierung
Keine

Ausgangs-/Endpunkt
Am Abzweig von der Ma-10 auf die Militärstraße zum Puig Major (39.795 / 2.790)

Anfahrt
Auto: Die Ma-10 führt zwischen Sóller und Lluc durch die Serra de Tramuntana. Bei Km 35,5 liegt in einer engen Kurve das Militärgelände Base Aèria Puig Major – hier zweigt die gesperrte Straße zur Miltärstation auf dem Puig Major ab, an der die Wanderung beginnt. Aus Richtung Sóller kommend findet man ca. 100 m vor dem Abzweig links der Straße gute Parkmöglichkeiten. Bus & Bahn: Die Haltestelle »Base Aèria Puig Major« wird von der Buslinie 354 angefahren, die Port de Sóller mit Pollença und Can Picafort verbindet.

Karte
Editoral Alpina 1:25 000 Tramuntana Central

Einkehr
Keine

Im Herz der Serra de Tramuntana ragt über dem Stausee Gorg Blau der Puig de ses Vinyes auf, das »Matterhorn« Mallorcas. Ist man den hohen Anforderungen der Tour gewachsen, kann man vom Gipfel dieses nur selten bestiegenen Bergs einen Panoramablick genießen, der seinesgleichen sucht.

Zum Fuß des Puig de ses Vinyes Vom Parkplatz folgen wir der Straße und biegen dann links in die Militärstraße, die zum Puig Major führt. Nach wenigen Metern beginnt kurz vor dem Stoppschild rechts ein schmales Weglein, das unter dichten Steineichen durch ein kleines Tal aufwärtszieht. Mal rechts, mal links weichen wir querenden Steinmauern aus, folgen, vorbei an Köhlerplätzen, dem Talgrund und erreichen nach einem Mauerdurchlass einen Felsriegel, den wir links umgehen. Der Wald setzt nun aus, und wir können zur Militärstation auf dem Gipfel des Puig Major hinaufsehen.

Wir folgen geradewegs den Steinmännern, die uns in der nach oben hin auslaufenden Talmulde oder etwas rechts davon durch das unübersichtliche Gelände leiten. Jetzt wird auch der Blick auf unser Ziel, den felsigen Puig de ses Vinyes, frei, und vor uns quert eine hohe, von einem Zaun gekrönte Grenzmauer das Tal. Rechts haltend erreichen wir ein Tor, neben dem ein Überstieg über die Mauer hilft. Hier sollte man sich kurz umdrehen und sich den Rückweg durch das etwas unübersichtliche Gelände einprägen.

Hinter der Mauer erreichen wir eine Fahrspur, auf der wir ohne Orientierungsprobleme durch die flache, schütter bewaldete Talmulde wandern. Eindrucksvoll ragt links das mächtige Massiv des Puig Major auf; rechts zieht ein verkarsteter Felskamm zum Puig de ses Vinyes, auf den unser angenehm weicher Weg zuläuft.

Nach wenigen Minuten sieht man nach einem Rechts-links-Knick im wilden Felsgelände rechts des Weges einen natürlichen Felsbogen. Wer Lust hat, kann hier mit Hilfe eines Zaunübertritts

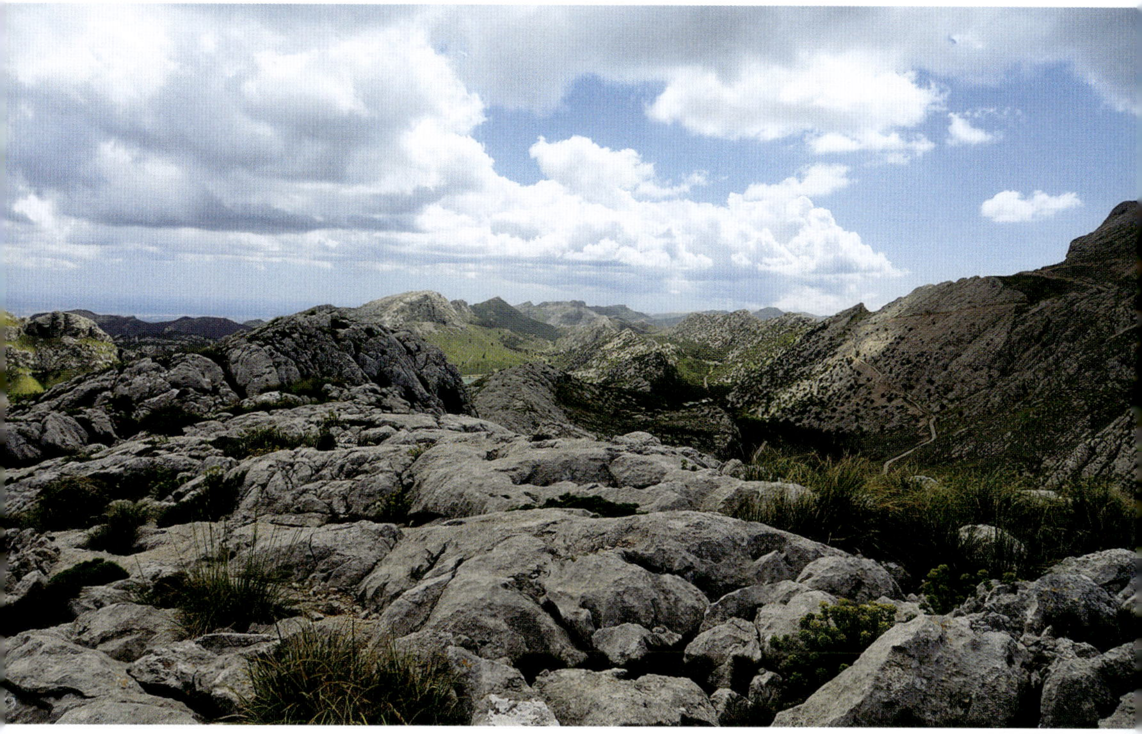

Der Blick über die Gipfelhochfläche des Puig de ses Vinyes nach Westen

einen Abstecher in die bizarre Karstlandschaft machen. Der Weiterweg folgt jedoch der grünen Fahrspur, die nach einem etwas dichteren Waldstück nach links knickt und abwärtsläuft.

Abenteuerlicher Gipfelanstieg An der Wegbiegung verlassen wir den Fahrweg und wandern, geleitet von Steinmännern, über flache Felsen weglos auf den Puig de ses Vinyes zu. Wir erreichen bei der Grundmauer einer alten Hütte einen Zaun, biegen hier nach rechts und laufen parallel zum Zaun zu einem metallenen Zaunübertritt. Vor uns zieht nun ein kleines Tälchen in Richtung unseres Gipfelziels. Im Tal oder etwas rechts davon steigen wir weglos zu einem wenig ausgeprägten Sattel auf, hinter dem eine flache, mit jungen Kiefern bewachsene Mulde liegt. Vor uns ist unser nächstes Etappenziel gut auszumachen: der Sattel links des Puig de ses Vinyes, an dessen linker Seite ein markanter Felsturm aufragt.

Wir wandern links haltend durch die Mulde und anschließend weglos auf den markanten Felsturm zu. Geleitet von wenigen Steinmännern erreichen wir schließlich die Höhe des Turms, der links bleibt. Der Weg schwenkt rechts auf das steile Schotterfeld an der Westflanke des Puig de ses Vinyes zu. Vor uns erkennen wir einen wackligen Metallübertritt, mit dessen Hilfe wir einen letzten Zaun überwinden.

Bevor der steile Schlussanstieg beginnt, gönnen wir uns eine kurze Rast und bewundern die gegenüberliegenden Steilwände des Puig Major, die zu den wichtigsten Klettergebieten auf Mal-

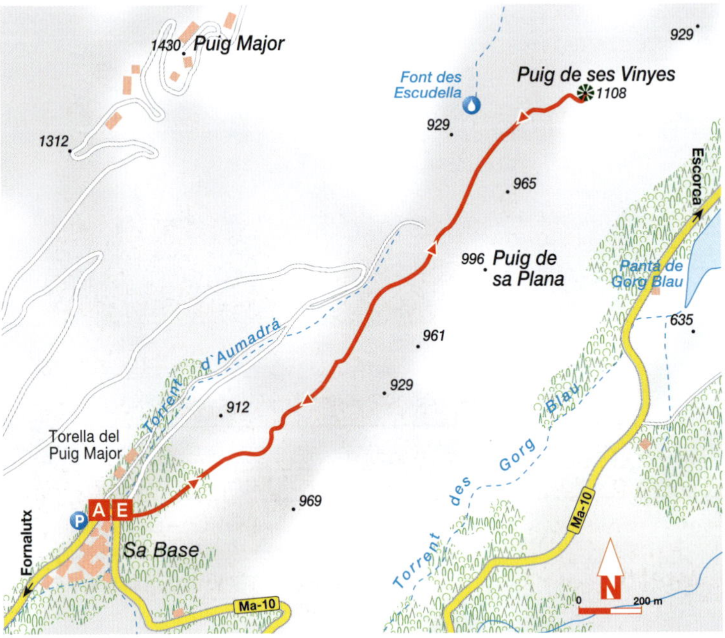

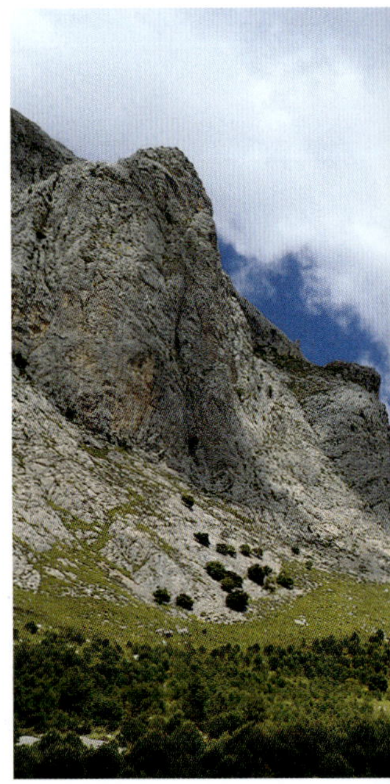

lorca zählen. Pa de Figa (»Feigenbrot«) heißt die riesige linke Steilwand und es Frare (»der Mönch«) die eindrucksvolle Felsnadel zur Rechten.

Wir befinden uns nun am Fuß des Schotterfelds, über das verschiedene Wegspuren nach oben führen. An seiner linken Seite zieht von einem einzelnen Baum eine Dissgraswiese zu den Gipfelfelsen hinauf – deren oberes Ende ist unser nächstes Ziel. Wir mühen uns also links haltend über Steinplatten und loses Geröll zum oberen Ende der Wiese hinauf, wo Steinmänner den Einstieg in die plattigen Gipfelfelsen markieren, die Erfahrung in felsigem Steilgelände erfordern. Die ersten Meter sind die steilsten – wir klettern etwa zehn Meter an kleinen Büschen vorbei gerade aufwärts. Steinmänner leiten uns dann nach links zu einem Riss, der rechts durch die Felsen aufwärts zieht. An ihm entlang steigen wir über gut gestufte Felsen zur Gipfelhochfläche hinauf, die wir bei einem kleinen Steinmann erreichen. Links geht es schließlich zum nahen Gipfelsteinmann auf dem höchsten Punkt des Puig de ses Vinyes (1108 m).

Nah-, Tief- und Fernblicke Der mühevolle Anstieg wird jetzt mit einer traumhaften Aussicht belohnt, die ihresgleichen sucht –

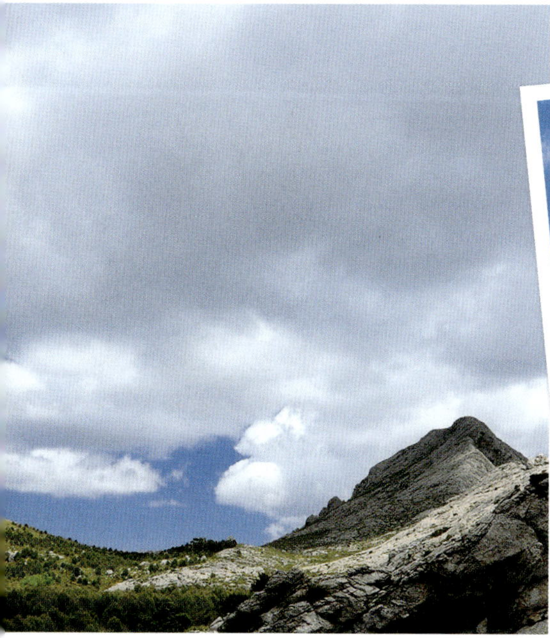

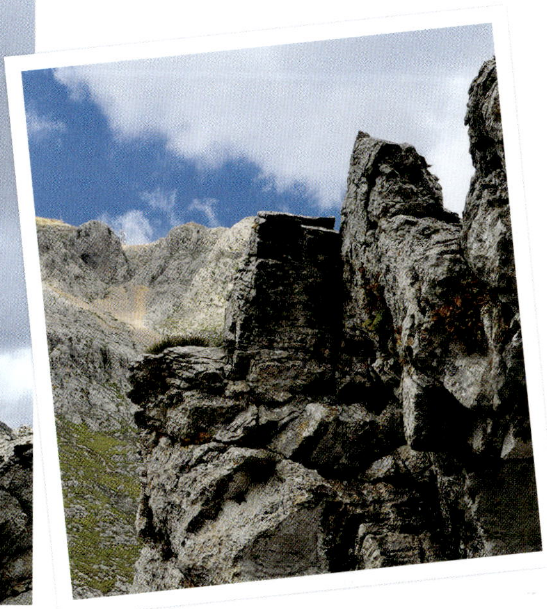

berauschende Nah- und Tiefblicke wechseln mit endlosen Weitblicken: Tief unter uns liegt der Stausee Gorg Blau, von dem sich eine tief eingeschnittene Schlucht zum Torrent Pareis windet. Deutlich ist der »Krawattenknoten« an der Straße nach Sa Calobra auszumachen. Zwischen Puig Roig und Tomir reicht an klaren Tagen die Sicht bis zur Formentor-Halbinsel und an den Gipfeln der Tossals Verds vorbei bis zur Südküste. Über den Cuber-Stausee geht der Blick auf unzählige Gipfel der zentralen und südwestlichen Serra de Tramuntana, und gegenüber streben die beeindruckenden Steilwände des Puig Major in den Himmel. Ein Blick ins Gipfelbuch verrät uns, dass seit drei Wochen niemand mehr die berauschende Rundumsicht vom einsamen Puig de ses Vinyes genossen hat.
Nach der Gipfelrast wandern wir schließlich auf dem Anstiegsweg zurück zum Ausgangspunkt.

Der Weg führt an markanten Felstürmen vorbei.

Linke Seite: Links die imposanten Kletterfelsen am Puig Major, rechts der Puig de ses Vinyes

15 Wilde Schlucht und einsamer Piratenausguck

Zwei Wanderungen bei Sa Calobra

	km	Hm	
Mittel	5,5 km	100 Hm	1.45 Std.
Schwer	2 km	260 Hm	1.30 Std.

Tourencharakter
Die Tour durch den Torrent de Pareis ist auch für Kinder ein großartiges Abenteuer. Sie verlangt etwas Trittsicherheit und Klettergeschick. Nur bei sicherem Wetter begehen. Für die aussichtsreiche Tour auf die Mola de Tuent sollte man trittsicher und schwindelfrei sein.

Markierung
Steinmänner

Ausgangs-/Endpunkt
Der Parkplatz in Sa Calobra (39.848 / 2.798) oder der Parkplatz neben der Kirche auf dem Coll de Sant Llorenç (39.842 / 2.787)

Anfahrt
Auto: Man fährt auf der Ma-10, die Sóller mit Lluc und Pollença verbindet, bis Km 29,2, biegt dort auf die Ma-2141 in Richtung Sa Calobra ab und folgt ihr über viele Kehren abwärts bis zum Parkplatz oberhalb der Bucht von Sa Calobra. Wer zum Coll de Sant Llorenç will, biegt ca. 1 km oberhalb von Sa Calobra bei Km 10,9 links Richtung Cala Tuent ab und fährt zum Parkplatz am Coll hinauf. Bus & Bahn: In Sa Calobra liegt die Endstation der Buslinie 355, die von Can Picafort über Pollença nach Sa Calobra fährt.

Karte
Editoral Alpina 1:25 000 Tramuntana Norte

Einkehr
In Sa Calobra

In Sa Calobra muss man sich zwischen zwei ganz unterschiedlichen Touren entscheiden: Da ist zum einen der abenteuerliche Weg bis zum engsten Schluchtabschnitt des berühmten Torrent de Pareis, oder wir bezwingen alternativ auf steilen Wegen die Mola de Can Palou, die eine herrliche Aussicht bietet.

Variante 1: In den Torrent de Pareis

Von der Bucht zur Schlucht Vom Parkplatz in Sa Calobra wandern wir auf der für den allgemeinen Verkehr gesperrten Straße zur Bucht hinab; wer mit dem Bus angereist ist, beginnt die Tour gleich unten an der Bucht mit ihrem smaragdfarbenen Wasser. Vorbei an den Restaurants geht es dann auf dem breiten Promenadenweg oberhalb des Meeres entlang zu einem Aussichtsplatz vor dem ersten Fußgängertunnel. Zum ersten Mal kann man von hier in die von hohen Felswänden eingefasste Bucht blicken, an der der Torrent de Pareis ins Meer mündet. Meist schaukeln einige Boote auf dem tiefgrünen Wasser, und im Sommer tummeln sich zahlreiche Schwimmer im Meer.

Durch zwei enge, gut ausgeleuchtete Tunnel gelangen wir schließlich zum Beginn des Torrent de Pareis. Auf dem schmalen Kiesstrand drängeln sich die Badegäste. Wir lassen den Strand jedoch links liegen und gehen am Ende des ausgebauten Wegs geradeaus in die hier noch breite Schlucht. Auf dem flachen Kiesbett bilden sich je nach vorangegangenen Niederschlägen mehr oder weniger große Wassertümpel.

Vorbei an einer großen Warntafel, die auf die Gefahren des Torrent de Pareis hinweist, dringen wir weiter in die Schlucht vor, deren Wände nach und nach näher zusammenrücken. Bald versperrt eine erste Barriere, an der die meisten Ausflügler umkehren, den Weiterweg. Ein Wasserbecken wird links umgangen und über Felsblöcke gelangen wir zu einem Durchschlupf, der unter den aufgetürmten Felsen hindurchführt. In den Stein geschlagene Trittstufen erleichtern die Kletterei.

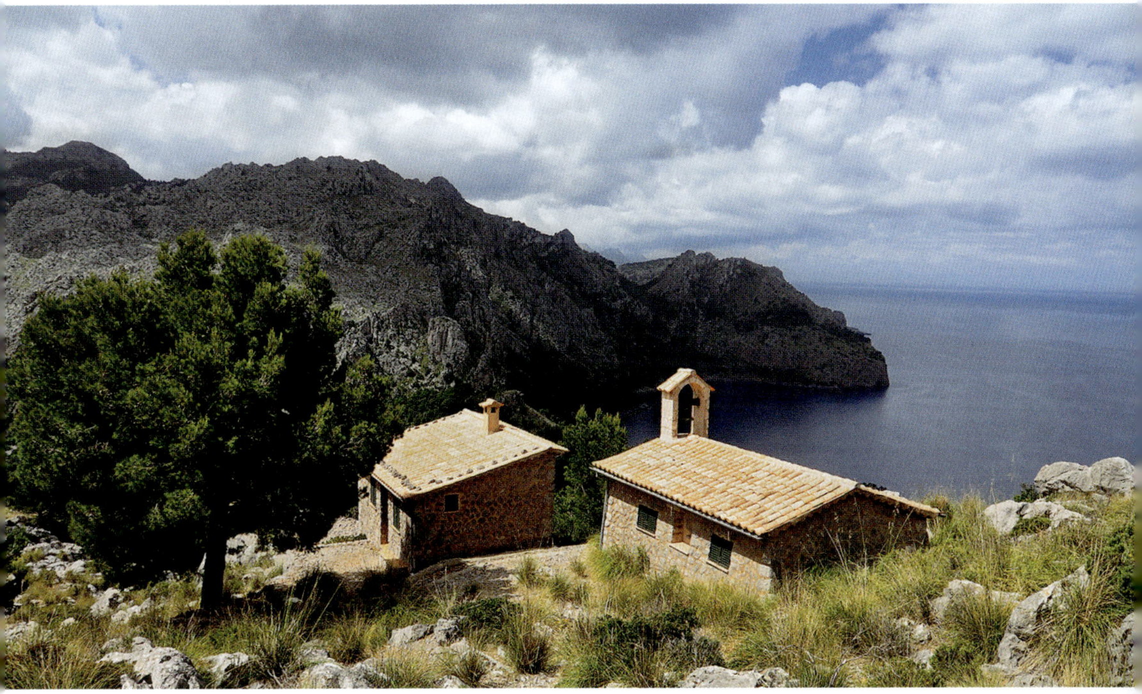

Das kleine Kirchlein unterhalb des Wachturms auf der Mola de Can Palou

Wilde Felsenlandschaft Nach diesem ersten Hindernis suchen wir uns über Geröll und Felsblöcke den besten Weg über den schmalen Talboden. Die senkrechten Schluchtwände rücken bald ganz eng zusammen, und mal rechts, mal links müssen sperrende Felsbarrieren umgangen werden.

Nach einem Wasserbecken lässt sich rechts ein überraschend einfacher Weg um wild aufgetürmte Felsblöcke finden, und

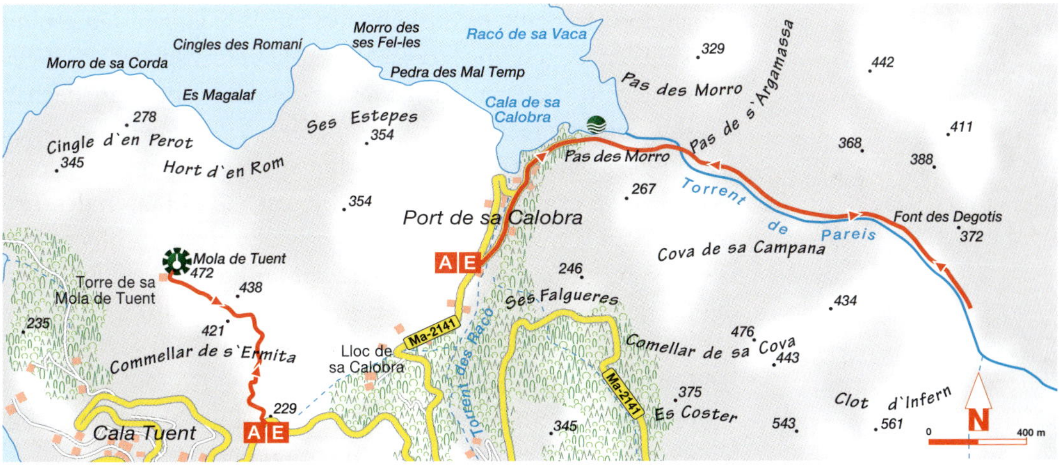

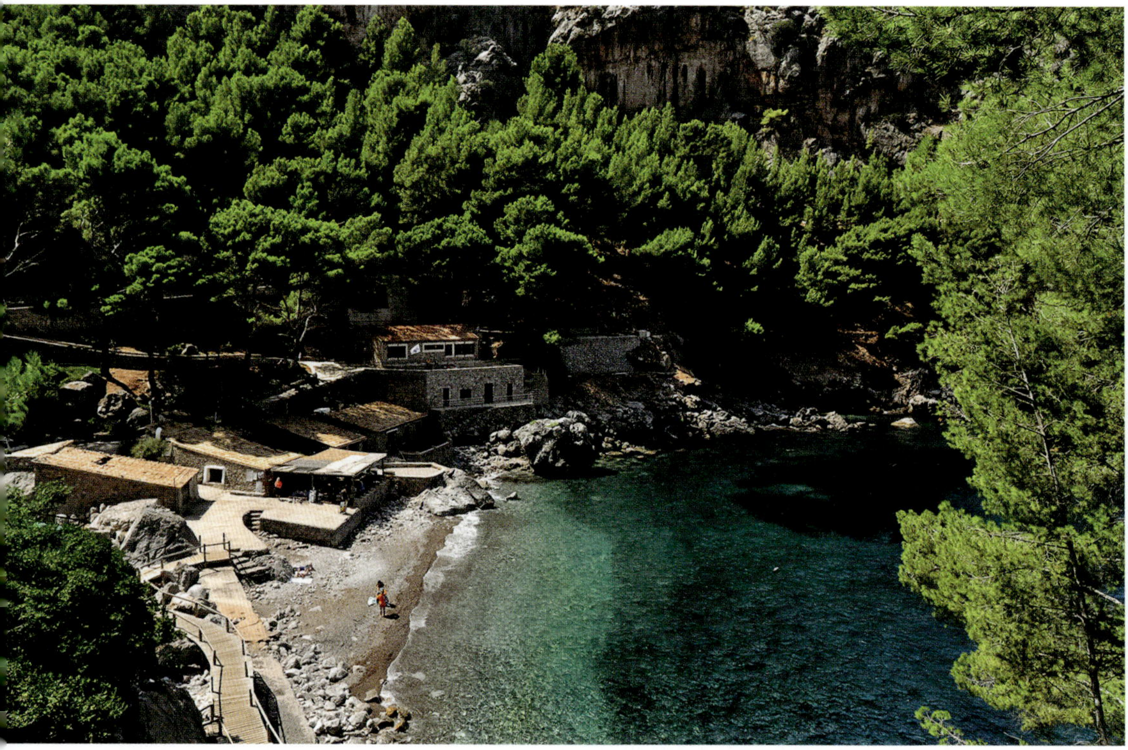

Nach der Tour kann man an der malerischen Bucht von Sa Calobra einkehren.

ohne Probleme dringen wir anschließend in dem kiesgefüllten Torrent-Bett tiefer in die Schlucht ein. An den glatten Schluchtwänden kleben alte Tropfsteine, und Feigenbäume klammern sich in Nischen. Kurz nach einer markanten Felsnadel erreichen wir die Tröpfelquelle Font des Degotis, die Moos und Efeu mit Wasser versorgt. Wenig später markiert ein quer im Talboden liegender Felsriegel den Beginn des engsten und eindrucksvollsten Abschnitts des Torrent de Pareis, in den kaum mehr ein Sonnenstrahl vordringt. Bis auf wenige Meter rücken nun die senkrechten und überhängenden, über 100 Meter hohen Schluchtwände zusammen.

Zurück nach Sa Calobra Von der Laune und vom Kletterkönnen hängt es jetzt ab, wie weit man noch weitersteigen will. Der folgende Felsblock wird an seiner rechten Seite umgangen, wobei man einen eigenwillig geformten, glatt geschliffenen Klemmblock überklettern muss. Ein weiterer großer Felsen sperrt den Weiterweg, der wiederum auf der rechten Seite umgangen werden muss. Dieser Abschnitt gilt als die Schlüsselstelle im Torrent de Pareis.

Über Felsstufen steigt man dann zu einem Klemmblock hinauf, unter dem man sich anstrengend mit Hilfe einer hier angebrachten Seilschlinge durchquetschen muss. Dass der Fels von den zahlreichen Begehern stark abgeschmiert ist, macht die Sache nicht gerade einfacher. Wer hinaufklettert, sollte bedenken, dass er über dieselbe Stelle auch wieder zurückmuss!
Wir gönnen uns das kleine Abenteuer, kehren aber bald darauf wieder um und wandern durch die Schlucht hinaus zum Meer und zurück nach Sa Calobra.

Variante 2: Steil hinauf zum Torre de sa Mola de Tuent

Tiefblicke auf die Cala Tuent Wer mit dem Bus angereist ist, geht von der Bushaltestelle unten an der Bucht die Zufahrtsstraße hinauf. Etwa 400 Meter oberhalb des großen Besucherparkplatzes biegt man kurz nach einer scharfen Linkskurve rechts in die Zufahrtsstraße zur Finca sa Calobra. Hinter den Gebäuden beginnt ein alter Pflasterweg, der am großen Parkplatz am Coll de Sant Llorenç endet (hin und zurück zusätzlich 1.15 Std.).

Der Torrent de Pareis und die Sa-Calobra-Straße

Zwischen Puig Major und Puig Roig hat der Torrent de Pareis eine der längsten und eindrucksvollsten Schluchten im gesamten Mittelmeerraum in den Kalkfels geschnitten. Hoch oben in den Bergen beginnt im Weiler Escorca der Weg durch die lange und enge Schlucht, der erst nach Kilometern in Sa Calobra endet. Lange war diese Siedlung nur auf abenteuerlichen Pfaden zu erreichen, und die wenigen Einwohner erzielten mit Landwirtschaft und Fischfang lediglich ein karges Einkommen. Wie eine alte Kaserne am Rand des Torrent de Pareis bezeugt, die zur Bekämpfung des Schmuggels erbaut wurde, brachte dieses Gewerbe so manchem noch ein zusätzliches Einkommen.

Die Situation änderte sich 1932 schlagartig, als der italienische Ingenieur Antonio Paretti den Auftrag erhielt, eine Straße nach Sa Calobra zu bauen. Um die 750 Hm hinab zur Küste ohne Steilstücke zu überwinden, plante er ein Straßenkunstwerk, das mit zahlreichen Kehren die Steilhänge überlistet. Glanzpunkte sind die viel fotografierte 300-Grad-Kurve »Nu de sa Corbata« (»Krawattenknoten«) und im unteren Abschnitt die Straßenführung durch eine enge Felsspalte. Heute zählt die Sa-Calobra-Straße zu den größten Sehenswürdigkeiten der Insel und ist in der Hauptreisezeit entsprechend stark frequentiert – dann fährt man am besten morgens oder am späten Nachmittag hinab zur wundervollen Bucht von Sa Calobra.

Am Coll de Llorenç gehen wir links an der Kirche vorbei über den Parkplatz und sehen im Hang über uns schon die Stützmauer, auf der der alte Weg verläuft. Zu Beginn ist der Pfad verwachsen, und etwas Spürsinn ist notwendig. Hinter der Kirche folgen wir dem Zaun nur wenige Meter aufwärts und biegen danach links auf einen Weg, der dicht mit Zistrosen bewachsen ist. Oberhalb einiger Kiefern quert er sanft ansteigend den Hang. Schon nach kurzer Strecke wird der Weg, von dem sich ein herrlicher Tiefblick auf die in verschiedenen Grüntönen leuchtende Cala Tuent bietet, deutlicher. Vor einer Felswand knickt er nach rechts und schwindelt sich in Kehren durch den steilen Hang empor. Kurz bevor man leichteres Gelände erreicht, ist der alte Weg weggebrochen – Trittbügel, ein Geländer und Drahtseile entschärfen die erste heikle Stelle. Über gut gestuften Fels, der Trittsicherheit verlangt, steigen wir schließlich zu einer nahen Mauer auf.

Der abenteuerliche Weg führt im Torrent de Pareis um und über riesige Felsen.

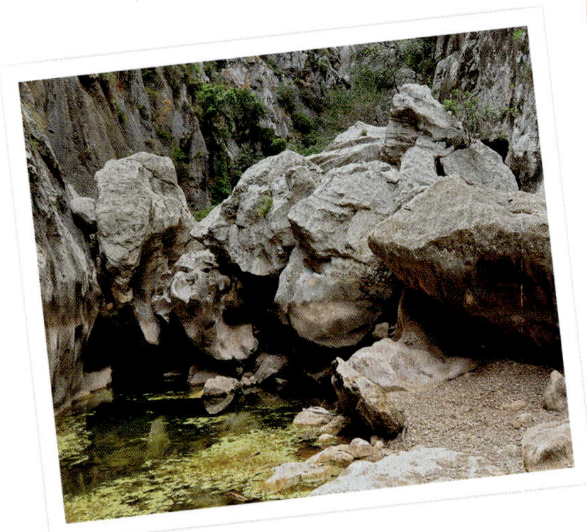

Immer den Steinmännern nach Dahinter legt sich das Gelände zurück, und vorbei an zwei einsamen Eichen führt der verwachsene Pfad rechts haltend aufwärts. Von einem Steilabbruch haben wir einen schönen Blick hinab auf die Finca Sa Calobra und hinauf zur einsamen Nordflanke des Puig Major. Der verwachsene Weg ist jetzt teils nur schwer auszumachen, und man sieht sich am besten immer wieder nach Steinmännern um.

Der Steig folgt noch kurz der Abbruchkante und schwenkt dann nach einem Felstürmchen zur Linken nach links. Wir steigen in Richtung des linken Vorgipfels aufwärts bis auf Höhe des Felstürmchens. An einem niedrigen Felsen mit Steinmann knickt der Weg wieder nach rechts und läuft auf die Felsen am rechten Rand des Bergkamms zu. Der undeutliche Steig führt durch das Dissgras in gleichbleibender Richtung zu einem großen Steinmann etwa 100 Meter vor den Felsen. Hier knickt der Weg nach links und läuft auf den Sattel im Gipfelkamm zu.

Im Steilhang über uns sind nun wieder die Stützmauern des alten Wegs zu erkennen, die wir bald erreichen. Ohne Orientie-

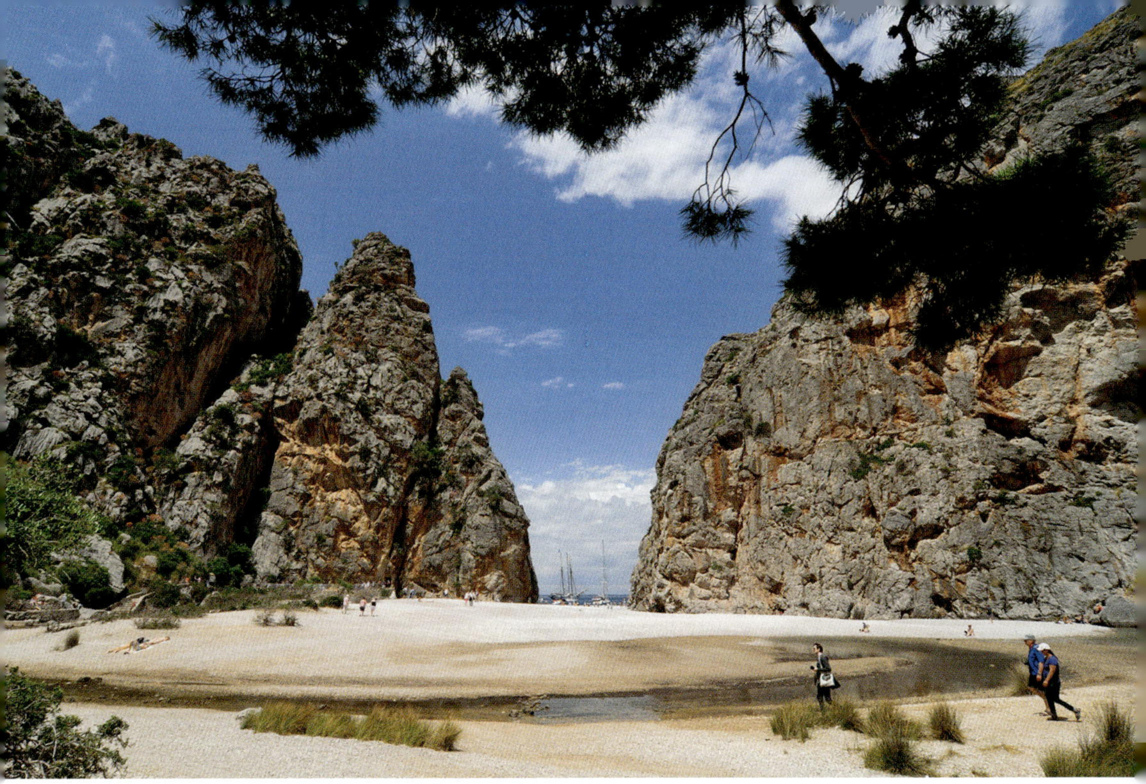

In einem von Felstürmen überragten Kiesstrand endet der Torrent de Pareis.

rungsprobleme folgen wir dem alten Weg, der sich durch den Steilhang nach oben windet. Die Steigung nimmt nach oben hin ab, und wir erreichen einen Sattel, von dem wir zum ersten Mal den nicht mehr allzu weit entfernten Wachturm erblicken.

Zum Gipfel der Mola de Can Palou Leicht fallend läuft der Weg an einer einzelnen Kiefer vorbei auf den Turm zu und steigt, markiert mit Steinmännern und Knoten im Dissgras, zu den Gebäuden unterhalb des Torre de sa Mola de Tuent an. Vom Haus und dem Kirchlein sind es noch wenige Meter rechts hinauf zum renovierten Wachturm auf dem Gipfel der Mola de Can Palou (472 m).
Wie nicht anders zu erwarten, bietet sich von hier natürlich ein fantastischer Ausblick, da der Turm ja einstmals für die Überwachung der Küste errichtet wurde: Im Nordosten streckt sich die einsame Küste hinter dem markanten Klippenberg Morro de sa Vacca, der den Eingang in den Torrent de Pareis bewacht, am Puig Roig vorbei in die Länge; im Westen verliert sich die Küste im Dunst, und im Süden wacht der riesige Felsklotz des Puig Major über die Insel.
Vorsichtig, immer nach dem richtigen Weg Ausschau haltend, steigen wir schließlich wieder zum Coll de Llorenç hinab.

16 Wälder und Karstfelsen am berühmten Kloster

Rund um das Kloster Lluc

Leicht | 8,5 km | 250 Hm | 3 Std.

Tourencharakter
Die Wanderung verläuft großteils auf breiten Wegen. Die Tour ist dank der schattigen Wälder auch an heißeren Tagen zu empfehlen und bietet mit bizarren Felsformationen und einer Höhle Highlights für Kinder. Der Abstecher zur Moleta de Binifaldó führt teils durch wegloses Gelände.

Markierung
Großteils Wegweiser

Ausgangs-/Endpunkt
Bushaltestelle am Kloster Lluc (39.821 / 2.885) bzw. Wanderparkplatz am Refugi Son Amer (39.817 / 2.893)

Anfahrt
Auto: Man fährt auf der Ma-10 von Pollença Richtung Sóller und zweigt nach 19 km rechts auf die Straße zum Kloster Lluc ab. Da die Parkplätze am Kloster gebührenpflichtig sind, folgt man besser vom Abzweig nach Lluc der Ma-10 noch ca. 500 m aufwärts und parkt dann rechts auf dem Wanderparkplatz am Refugi Son Amer. **Bus & Bahn:** In Lluc liegt eine Bushaltestelle der Linie 354, die von Can Picafort über Pollença nach Port de Sóller fährt, sowie der Linie 355 (von Can Picafort nach Sa Calobra) und der Linie 330 (von Palma nach Lluc).

Karte
Editoral Alpina 1:25 000 Tramuntana Norte

Einkehr
In Lluc

In einer von hohen Bergen eingerahmten Talmulde liegt das Kloster Lluc. Einst war es geistliches Zentrum der Insel, und bis heute ist es deren wichtigster Wallfahrtsort. Vom Kloster führt uns die Tour durch stille Steineichenwälder, in denen sich bizarre Karstfelsen verstecken.

Von Lluc zum Coll Pelat Wir beginnen die Rundtour am Wanderparkplatz nahe dem Refugi Son Amer und folgen dem Richtung Pollença ausgeschilderten Fernwanderweg GR 221, der uns bis zum Coll Pelat die Richtung vorgibt. Er führt rechts am Parkplatz entlang zur nahen Ma-10. Auf angenehmem Weg geht es an der Straße entlang, die nach kurzer Strecke überquert wird. Bestens ausgeschildert wandern wir bald über Steinbrücken und dann geradewegs aufwärts. Durch den rechten von zwei Mauerdurchlässen geht es in den schattigen Wald, und begleitet von Vogelgezwitscher führt uns der angenehme Weg an Köhlerplätzen vorbei geradewegs aufwärts.

Bei der schlichten Kapelle s'Ermita de Son Amer knickt der Weg nach rechts und führt uns aufwärts zu einem breiten Querweg. Rechts erreicht man nach wenigen Metern die Quelle Font de s'Ermita; wir folgen dem Forstweg jedoch nach links. Etwas steiler geht es nun durch den Eichenwald aufwärts zu einer Wegkreuzung. Bevor wir rechts weiter dem GR 221 folgen, machen wir links einen Abstecher zu einem nahen Mirador. Über den Felsabbruch fällt der Blick hinunter zum Kloster Lluc und zur wilden Karstlandschaft, durch die uns später der Weg führen wird. Zwischen dem mächtigen Massiv der Massanella und den einsamen Hängen des Puig Roig ist der Einschnitt des Torrent de Pareis zu erahnen, und am Himmel dreht ein riesiger Mönchsgeier ohne einen einzigen Flügelschlag seine Kreise.

Vom Aussichtspunkt gehen wir zurück zur Kreuzung und folgen der Beschilderung Richtung Pollença aufwärts. Die Forststraße geht nach kurzer Strecke geradewegs in einen schmalen Wanderweg über. Nach einer Holzleiter, die uns über eine Mauer

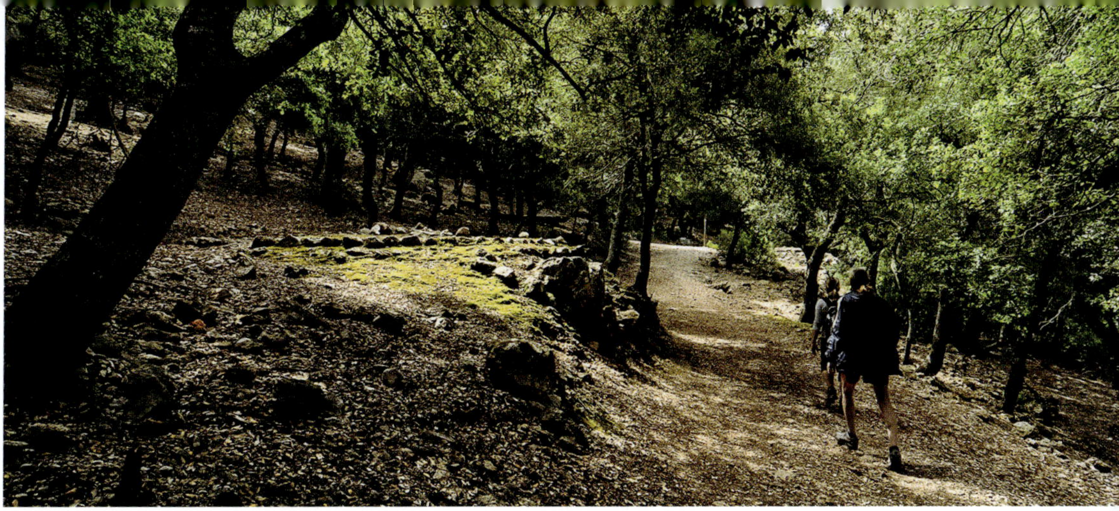

hilft, führt uns der Weg über eine bewaldete Hochfläche des Coll Pelat zu einer Wegkreuzung. Der Weiterweg läuft hier geradewegs abwärts.

Die Rundtour bringt uns durch die schattigen Wälder im Tal von Lluc.

Abstecher auf die Moleta de Binifaldó Wer etwas Zeit und Kraft zusätzlich investieren möchte, der kann hier einen Abstecher zur einsamen Moleta de Binifaldó unternehmen (zusätzlich 1.15 Std.). Dafür folgen wir an der Wegkreuzung dem GR 221 nach rechts, biegen nach 100 Metern am Ende einer moosbewachsenen Steinmauer links in wegloses Gelände ab und folgen nun einem sanft ansteigenden Bergrücken.

Bald leiten uns Steinmänner rechts an einem felsigen Steilaufschwung vorbei aufwärts zu einer Mauer mit einem Zaun obenauf. Wenige Meter links davon finden wir einen Durchlass und folgen einem schmalen Steig, der sanft ansteigend rechts am Bergrücken entlang zu einem Schuttfeld führt. Hier steigen wir links haltend nach und nach Richtung Bergkamm empor. Ab einem auffälligen Felstürmchen neben einer großen Kiefer geht es direkt auf dem Bergkamm aufwärts.

Bald liegt der felsige Gipfelaufbau vor uns, und wir steigen links über die harmlosen, gut gestuften Felsen aufwärts zum höchsten Punkt der Moleta de Binifaldó (837 m), die trotz ihrer relativ geringen Höhe eine herrliche Rundumsicht

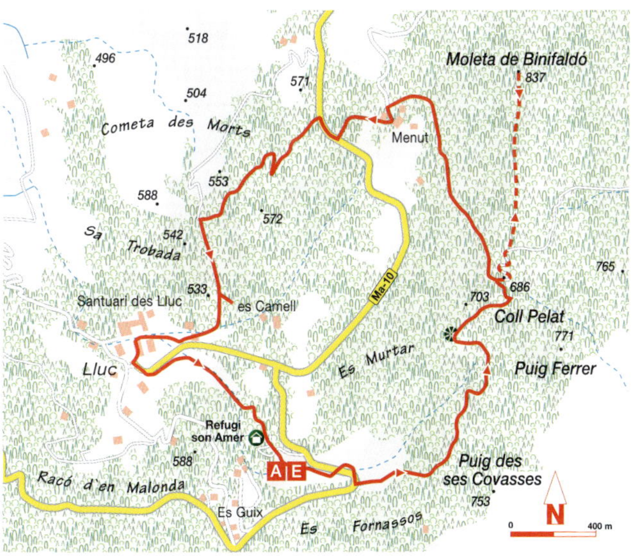

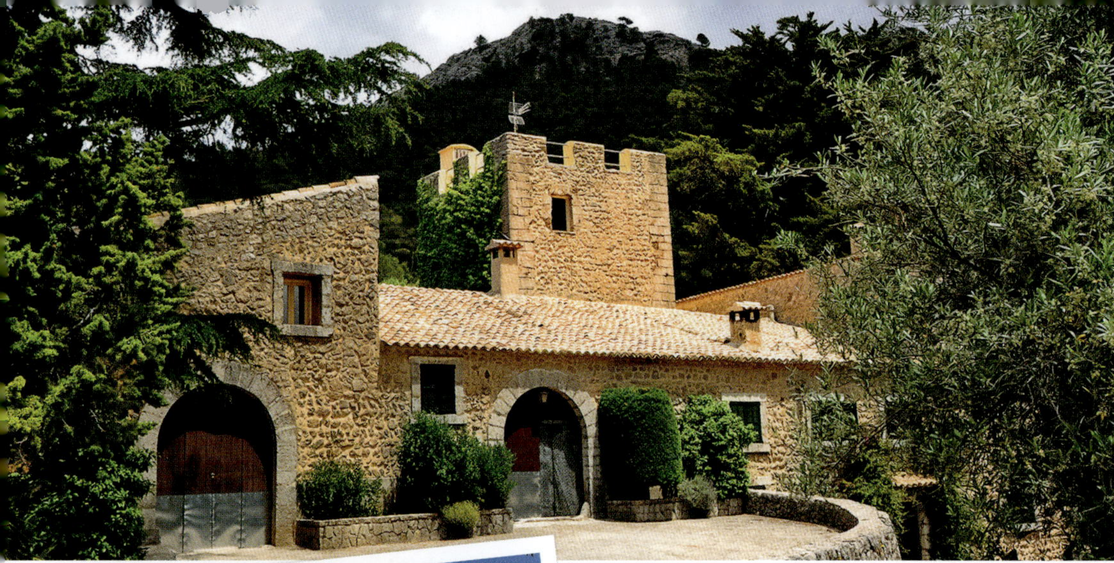

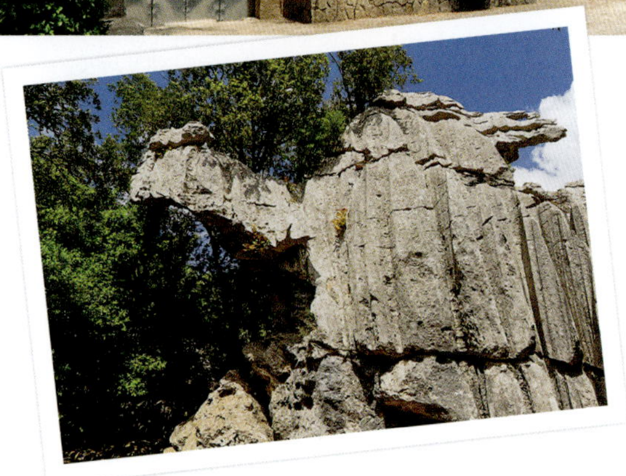

bietet. Am wuchtigen Tomir vorbei reicht der Blick weit über die Ebenen nach Süden; im Westen ragen die beiden höchsten Inselberge Massanella und Puig Major auf, und deutlich sind die oberen Schluchtwände des Torrent de Pareis auszumachen. Vom Gipfel steigen wir schließlich wieder zur Wegkreuzung am Coll Pelat hinab.

Das »Kamel« ist die bekannteste Felsformation im Karstgebiet von Lluc.

Ganz oben: Die Finca Menut wird vom Gipfel der Moleta de Binifaldó überragt.

Rückweg durch das Felsenmeer Von der Kreuzung führt uns ein angenehm weicher Forstweg durch die steilen Hänge der Moleta de Binifaldó abwärts. Kurz nach einem Flachstück erreichen wir vor der Finca Menut eine betonierte Kehre, biegen hier rechts auf einen Schotterweg und gehen nach wenigen Meter links über eine aufgeforstete Terrasse.

Bei einer Steinmauer beginnt ein Pflasterweg, der uns im Auf und Ab um das Gelände der Finca Menut herumführt. Vorbei an einem Aussichtsplatz erreichen wir schließlich eine schmale Teerstraße und wandern auf ihr links an der malerischen Finca und einem alten Kalkbrennofen vorbei zur Ma-10 hinab.

Wir überqueren die Straße, folgen ihr für 200 Meter nach rechts und biegen dann links auf einen breiten Kiesweg ab. Dieser führt uns auf einem Bergrücken durch die verkarstete Landschaft. Bald schlängelt sich der steinige Weg durch verwilderte Olivenhaine abwärts und folgt einem Karsttal.

Am tiefsten Punkt verführt uns das Hinweisschild »Cova de sa Cometa des Morts« zu einem abenteuerlichen Kurzabstecher: Vorbei an bizarr geformten Karstfelsen erreichen wir rechts hal-

tend den steil abfallenden Eingang in die Höhle, die man mit einer Lampe ein Stück weit erkunden kann.
Nach dem Abstecher wandern wir auf dem breiten Weg ein kurzes Stück sanft aufwärts bis zu einer Wegkreuzung, bei der wir uns links halten. Wir folgen dem Wanderweg und erreichen nach einem etwas steileren und steinigeren Abschnitt eine Weggabelung. Links zweigt hier der felsige Steig zum bekanntesten Karstfelsen von Lluc ab: es Camell, »das Kamel«, heißt das bizarre Felsgebilde, das die Mühen des kleinen Abstechers wert ist.

Zum Kloster Lluc Zurück am Hauptweg geht es zwischen Karstfelsen auf dem felsigen Treppenweg steil abwärts zum Torrent de Lluc, der auf einem Holzbrückchen überquert wird. Wir halten uns rechts und wandern am Sportplatz vorbei zu einer schmalen Teerstraße. Wer nicht zum Kloster möchte, kann hier links zur nahen Zufahrtsstraße gehen; wenige Meter rechts findet man dann den Beginn des Wegs, der zum Refugi Son Amer führt.
Wir wollen jedoch das Kloster Lluc besichtigen und folgen der schmalen Teerstraße rechts zum nahen Kloster (s. Kasten).
Nach der Besichtigung geht es durch das Torgebäude mit dem Auskunftsbüro zum Parkplatz und zur Bushaltestelle. Wir folgen der Zufahrtsstraße nach links und finden nach 200 Metern rechts den nach Son Amer ausgeschilderten Weg, auf dem der GR 221 verläuft. Ein Übertritt bringt uns zum Beginn des alten Wanderwegs nach Pollença. Bald führt uns der schöne alte Pflasterweg durch schattigen Wald aufwärts zum Refugi Son Amer. Wir gehen im Rechtsbogen um die Unterkunftshütte zur Zufahrtsstraße, schneiden links auf einem alten Plattenweg eine Kehre ab und treffen wieder auf die Kiesstraße, die uns links zum nahen Parkplatz bringt.

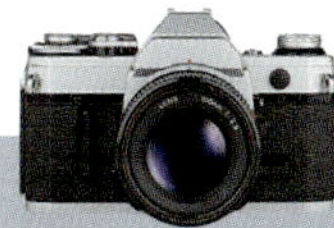

Kloster Lluc

Kurz nach der christlichen Rückeroberung Mallorcas soll ein Hirtenjunge mit Namen Lukas (mallorquinisch Lluc) die »Moreneta«, die schwarze Madonna von Lluc, gefunden haben. Mehrmals wurde sie anschließend in der Kirche von Escorca aufgestellt, kehrte aber immer wieder auf wundersame Weise zum Fundort zurück. So errichtete man dort 1230 eine Kapelle, die schnell zum beliebtesten Wallfahrtsziel der Insel wurde. 1260 unterstützte König Jaume I. hier die Gründung des Augustinerklosters Nuestra Senyora de Lluc, das sich zu Klosterschule, Priesterseminar, geistigem und geistlichem Zentrum Mallorcas und zum wichtigsten Wallfahrtsort auf der Insel entwickelte. Die meisten der Klostergebäude wurden im 17. und 18. Jh. erbaut. Der Knabenchor des Klosters, an das ein Jungeninternat angeschlossen ist, ist weit über die Grenzen Mallorcas hinaus bekannt.

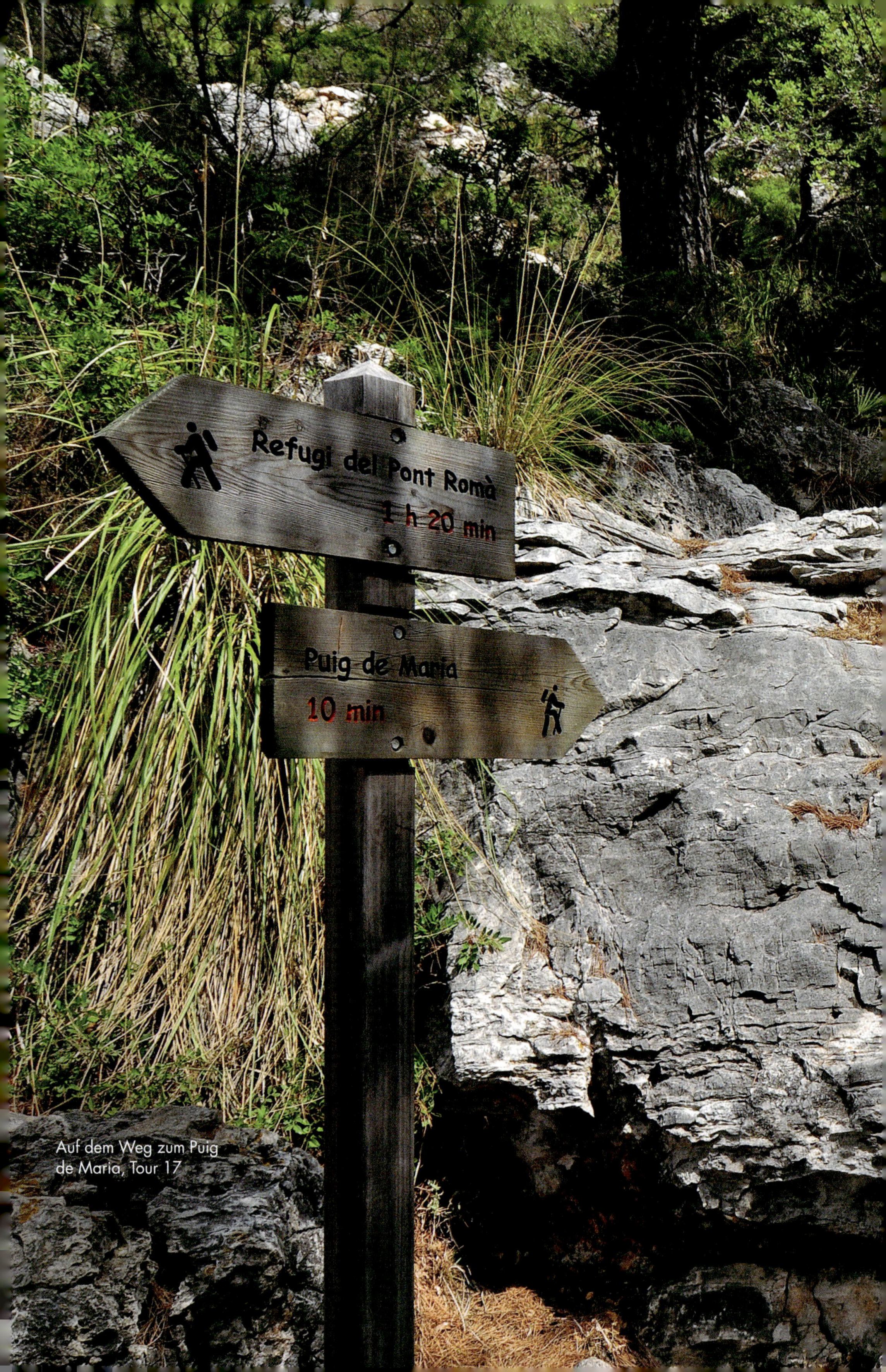

Auf dem Weg zum Puig de Maria, Tour 17

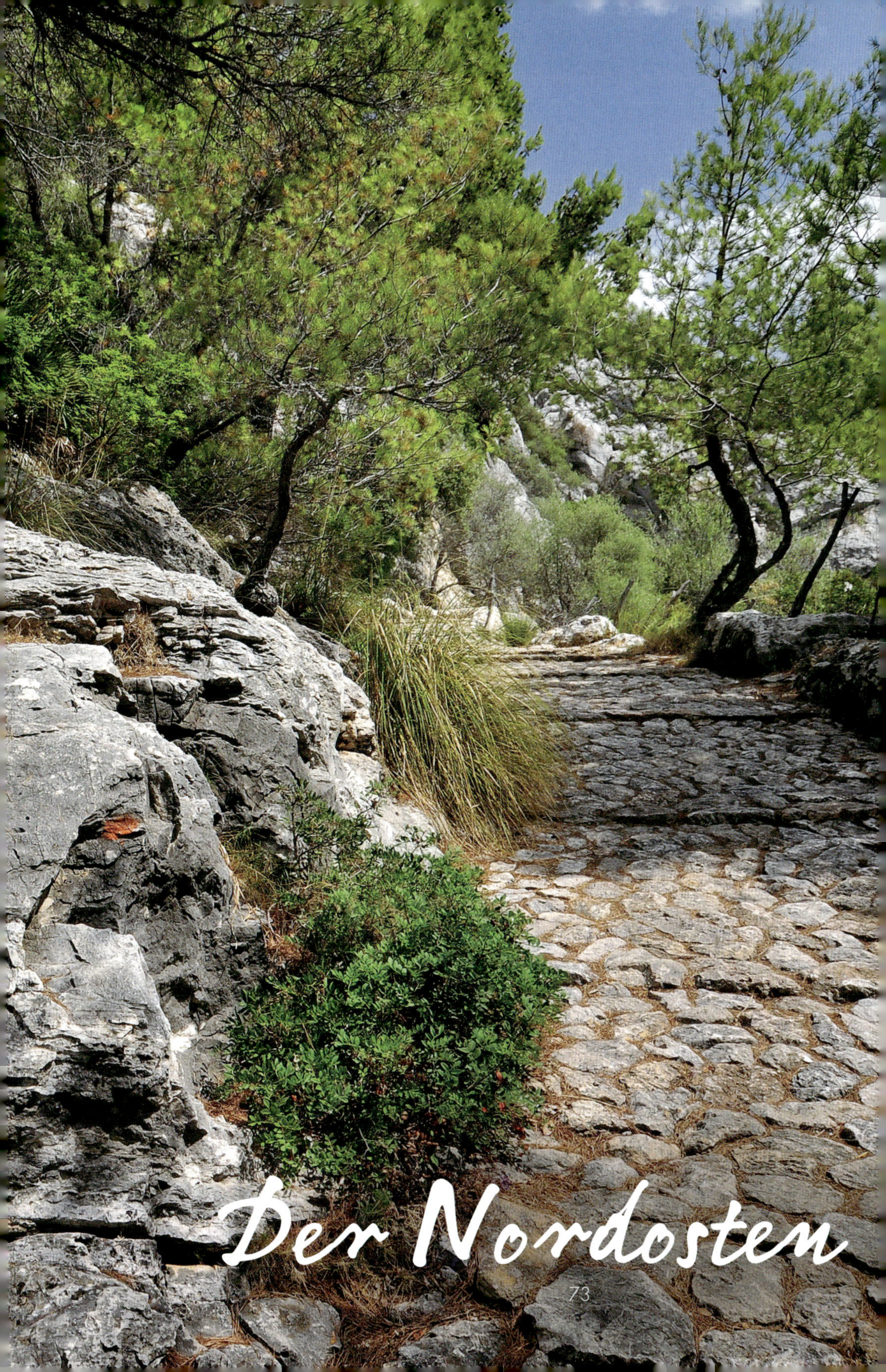

Der Nordosten

17 Von der Altstadt auf den Klosterberg

Pollença und der Puig de Maria

Leicht	3,5 km	270 Hm	1.45 Std.

Tourencharakter
Der erste Teil der Wanderung führt über schmale, steile Teerstraßen und Betonpisten; im oberen Bereich verläuft die Tour auf alten Pflasterwegen und schmalen Steigen.

Markierung
Wanderwegweiser

Ausgangs-/Endpunkt
Der Carrer de Cecili Metel in Pollença (39.873 / 3.016)

Anfahrt
Auto: Von der Umgehungsstraße Ma-2200, die südlich um Pollença herumführt, zweigen am Fuß des Puig de Maria mehrere Straßen Richtung Stadtzentrum ab. Sie treffen allesamt nach kurzer Fahrt auf den breiten Carrer de Cecili Metel, der parallel zur Ma-2200 an der Altstadt entlang verläuft. Auf ihm fährt man bis zur Repsol-Tankstelle – gegenüber endet der Carrer del Puig de Maria nach wenigen Metern an einem großen Parkplatz, bei dem die Wanderung beginnt. Bus & Bahn: Ca. 100 m östlich des Ausgangspunkts befindet sich die Bushaltestelle »Cecili Metel 69« der Linie 340 (von Palma nach Port de Pollença) bzw. der Linie 345 (von Port de Pollença nach Pollença).

Karte
Editoral Alpina 1:25 000 Tramuntana Norte

Einkehr
In Pollença und im Café auf dem Puig de Maria

Von der Altstadt von Pollença führt diese kurze Tour auf den steilen Klosterberg Puig de Maria. Mit jedem Schritt, den man dem alten Frauenkloster näherkommt, wird der Tiefblick auf die Stadt und die Panoramaschau auf Land, Küste und Meer eindrucksvoller.

Start in Pollença Am Parkplatz am Ende des Carrer del Puig de Maria finden wir einen ersten Wanderwegweiser zum Puig de Maria. Er weist uns auf einen Weg, der rechts am Parkplatz entlang verläuft. Nach kurzer Strecke überqueren wir vorsichtig die Umgehungsstraße und folgen gegenüber dem zum Puig de Maria ausgeschilderten Teersträßchen Camí d'es Puig. Die schmale Straße windet sich über mit Feigen- und Pfirsichbäumen bestandene Terrassen und vorbei an Villen durch den Hang nach oben. Bald geht unser Weg links haltend in eine steil ansteigende Betonpiste über, die sich in Kehren nach oben schwindelt. Neben einem kleinen Parkplatz knickt die zum Puig ausgeschilderte Piste nach links und führt uns durch herrlich schattigen Wald aufwärts. Die folgenden Kehren können auf sehr steilen Wegspuren abgekürzt werden, besser aber bleibt man auf dem befestigten Sträßchen.
Nach oben hin wird der Hang immer steiler und felsiger, und die Serpentinen werden immer enger. Der Blick schweift nun über Pollença, das schon tief unter uns liegt, und zur eindrucksvollen Berggestalt des Tomir.

Zum Mirador del Moli Vell Am Ende des Sträßchens beginnt der wundervolle alte Pflasterweg, auf dem einstmals die Pilger zum Kloster hinaufstiegen. Der aussichtsreiche Weg windet sich durch das felsige Gelände bergan. Kurz unterhalb des Gipfels, auf dem das Kloster schon zu erahnen ist, erreichen wir eine Weggabelung: Der Pflasterweg, auf dem wir später absteigen werden, läuft geradewegs in Richtung Gipfel; wir biegen hier aber links in das schmale, steinige Weglein, das zum Mirador del

Moli Vell ausgeschildert ist. Es führt unter Schatten spendenden Kiefern sanft abwärts und verwöhnt uns mit herrlichen Tiefblicken auf Pollença.

Bald steigt der Weg wieder sanft an und führt uns vorbei an einer tiefen Doline zum Mirador del Moli Vell. Von den Resten eines alten Turms bietet sich eine Traumaussicht nach Norden

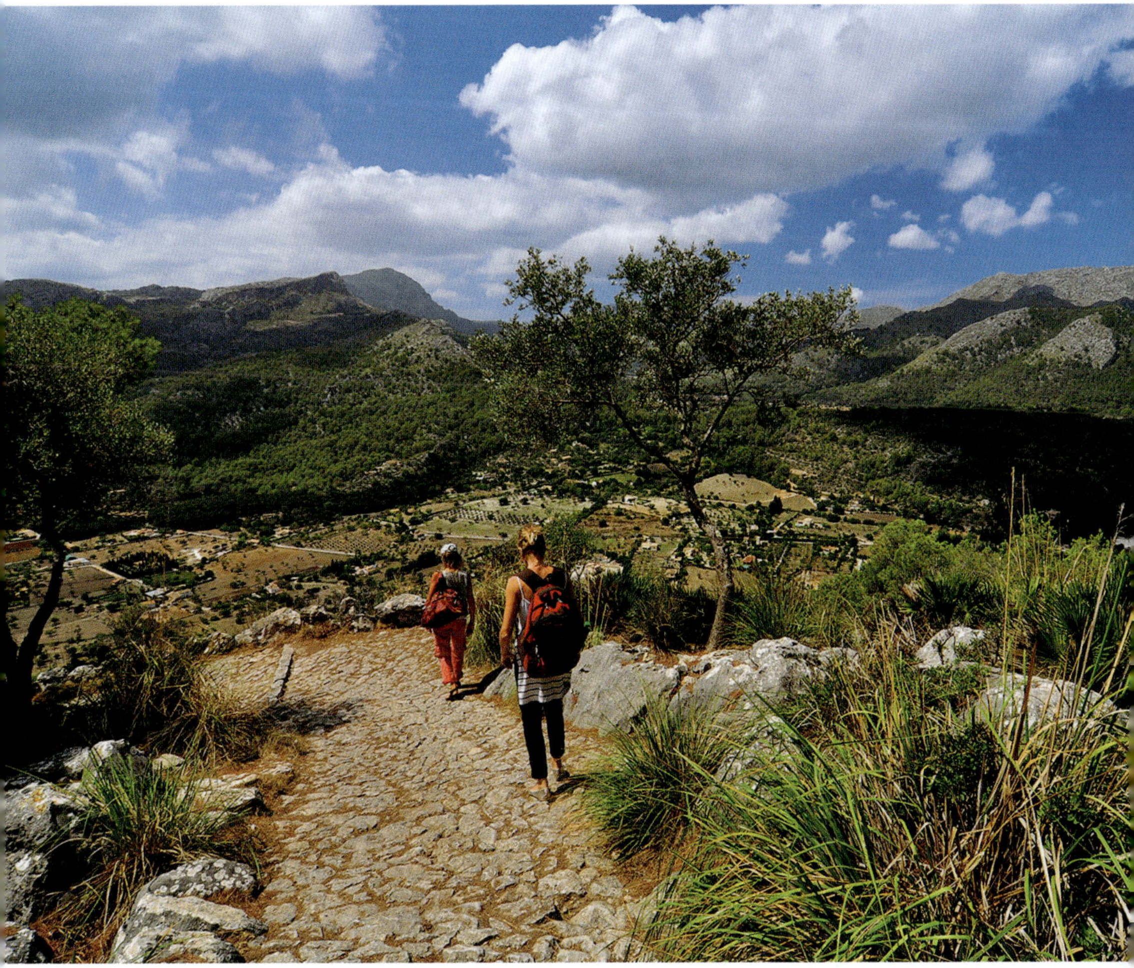

und Osten: Von den markanten Klippenbergen bei Cala Sant Vicenç und den Stränden von Port de Pollença streckt sich die wilde Formentor-Halbinsel weit ins Meer hinaus. Die weite Bucht von Pollença wird im Süden von der gebirgigen Halbinsel von Alcúdia begrenzt, und weit im Südosten ragen über der riesigen Bucht von Alcúdia die Berge der Llevant-Halbinsel auf.

Der alte Pilgerweg bietet herrliche Blicke in die Serra de Tramuntana.

Bis heute führt alljährlich eine Wallfahrt zur Madonna auf dem Puig de Maria.

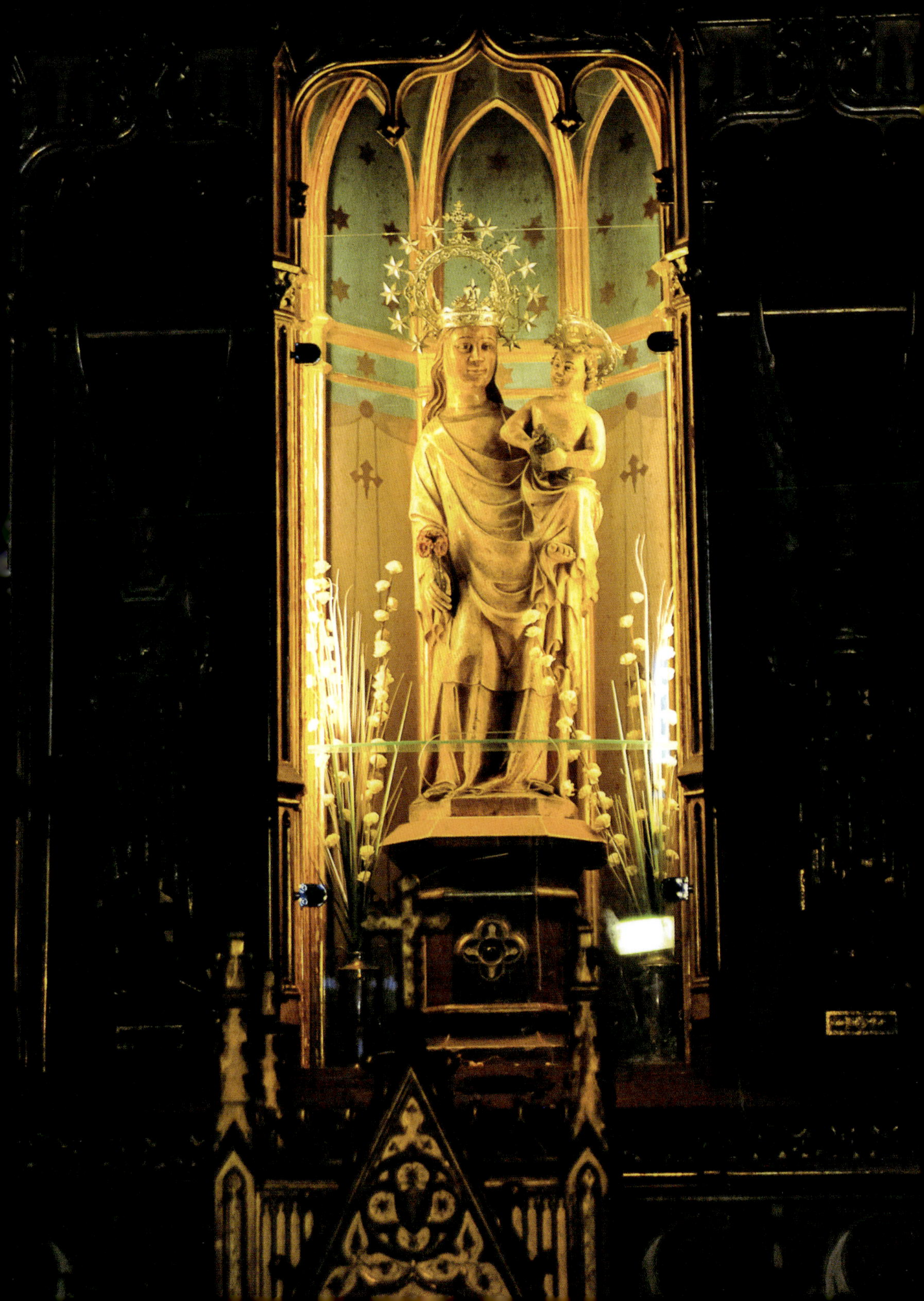

Zum Kloster auf dem Puig de Maria Am Mirador knickt der Weg nach rechts und zieht nun oberhalb der erwähnten Doline bergauf. Schnell ist das alte Kloster auf dem Gipfel des Puig de Maria erreicht, das den wohlklingenden Namen Santuari de la Mare de Déu del Puig trägt. Links gehen wir neben einem Turm durch das Tor zum Kirchenvorplatz mit dem fotogenen Brunnen, von dem aus der Blick zum einsamen Bergland der nördlichen Serra de Tramuntana schweift.

Natürlich werfen wir auch einen Blick in die angenehm kühle gotische Klosterkirche mit dem Gnadenbild der Madonna. Sollte die Kirchentür verschlossen sein, kann man den Kirchenraum vom Café aus erreichen. Auf der Rückseite des Kirchenvorplatzes steigen wir eine Treppe hinab und gehen links zu den Wohn- und Wirtschaftsräumen des ehemaligen Frauenklosters.

Nach einer Stärkung im kleinen Café führt uns schließlich der Abstiegsweg links am Kirchenvorplatz vorbei zu einer nahen Wegkreuzung. Der zum Refugi del Pont Roma ausgeschilderte Karrenweg geht nach kurzem Abstieg in den alten Pflasterweg über.

Wir treffen wieder auf unseren Anstiegsweg, auf dem wir nach Pollença absteigen.

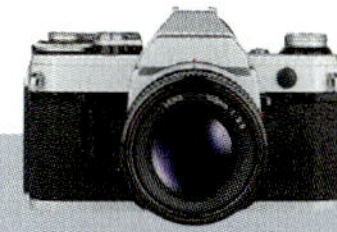

Pollença

Pollença wurde vermutlich von Einwohnern des nahe dem heutigen Alcúdia gelegenen römischen Pollentia gegründet, nachdem die Stadt im 5. Jahrhundert von Vandalen verwüstet worden war. Heute zählt Pollença zu den schönsten Städten auf Mallorca und ist bekannt für seine lebhafte Kunst- und Kulturszene. Zentrum der malerischen Altstadt ist die Plaça Major. Vorbei an der mächtigen Pfarrkirche erreicht man den berühmten Kalvarienberg. 365 Stufen führen hinauf zur Kapelle mit der alten Marienstatue. Von hier geht der Blick über die Stadt zum Puig de Maria, der vom Santuari de la Mare de Déu gekrönt wird. Die Klosteranlage wurde im Mittelalter rund um eine verehrte Marienstatue erbaut und war bis ins 17. Jahrhundert das bedeutendste Frauenkloster auf Mallorca.

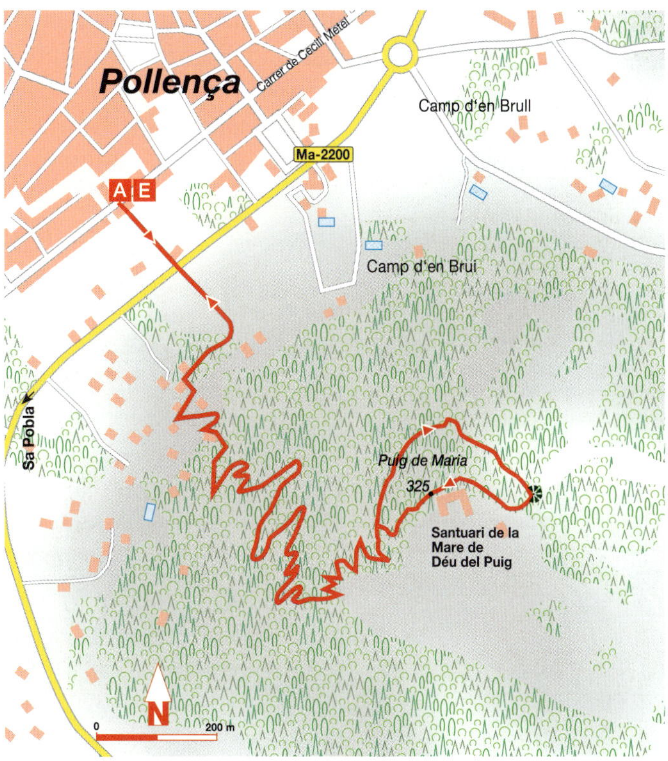

18 Panoramatour an der wilden Nordküste

Von Cala Sant Vicenç zur Punta de l'Àguila

Leicht | 6,5 km | 250 Hm | 2.30 Std.

Tourencharakter
Bis zu den Kavernen verläuft die Tour auf einem steinigen Wirtschaftssträßchen, dann auf gutem Steig zu einem aussichtsreichen Vorgipfel. Der steinige Weiterweg zur Punta de l'Àguila verlangt etwas Orientierungssinn. Die Tour begeistert mit herrlichen Ausblicken.

Markierung
Steinmänner

Ausgangs-/Endpunkt
Die Avinguda Cavall Bernat oberhalb der Cala Barques (39.920 / 3.053)

Anfahrt
Auto: Man biegt zwischen Pollença und Port de Pollença kurz nach Km 14 von der Ma-2200 auf die nach Cala Sant Vicenç ausgeschilderte Ma-2203 ab. Nach 3 km geht sie in Cala Sant Vicenç in die breite Avinguda Cavall Bernat über. Ca. 200 m vor ihrem Ende oberhalb der Cala Barques beginnt bei Km 3,9 links auf dem schmalen Carrer Ruiz de Alda die Tour. Bus & Bahn: Die Haltestelle »Cala Barques« in Cala Sant Vicenç wird von der Buslinie 345 (von Port de Pollença nach Pollença) und von den Linien 354 und 355, die Can Picafort mit Port de Sóller bzw. mit Sa Calobra verbinden, angefahren.

Karte
Kompass-Wanderkarte 1:75 000 Nr. 230 »Mallorca«

Einkehr
In Cala Sant Vicenç

Vom einsamen Hügelland westlich von Cala Sant Vicenç kann man die Küste im Nordosten Mallorcas aus einem neuen Blickwinkel erleben. Besonders schön ist die Tour am Abend, wenn die Steilklippen der Serra del Cavall Bernat und der Formentor-Halbinsel in milden Rottönen erstrahlen.

Auf der Häftlingsstraße zur Geschützstellung An der großen Wanderwegtafel am Carrer Ruiz de Alda beginnt unsere Tour. Wir folgen dem Betonsträßchen, biegen nach 100 Metern links auf eine Kiesstraße und halten uns an der nächsten Gabelung rechts. Wir erreichen eine Weggabelung vor zwei Toren, an der wir uns rechts halten. Wir gehen rechts oder links am Tor vorbei und dann auf der steinigen Piste durch den Kiefernwald in freies Gelände. Rechts schweift der Blick zum imposanten Kamm der Serra del Cavall Bernat, der mit seinen senkrechten, 300 Meter hohen Steilklippen bedrohlich an der Ostseite der Bucht von Cala Sant Vicenç aufragt.

Bald ist der Verlauf des Sträßchens, das sich sanft ansteigend durch die baumfreien Hänge aufwärtsschlängelt, in seiner vollen Länge zu übersehen. Erbaut wurde es ebenso wie die Kavernen und Geschützstellungen unter unmenschlichen Bedingungen Ende der 1930er-Jahre von republikanischen Häftlingen der Franco-Diktatur.

Immer eindrucksvoller wird jetzt der Blick hinab auf die herrliche Bucht unter uns, die in tropischen Blau- und Grüntönen leuchtet. Brückchen helfen uns über die ausgetrockneten Betten mehrerer Torrents, und wir erreichen einen Steinbruch, in dem die Häftlinge Material für den Straßenbau gewinnen mussten. Vom mauergestützten Sträßchen geht der Blick nun an den Klippenbergen der Serra Cavall Bernat zu den wilden Bergen auf der Formentor-Halbinsel.

Die Schotterpiste knickt schließlich nach links und führt uns zum Eingang der Kavernen, die einst den Artilleristen als Unterkunft

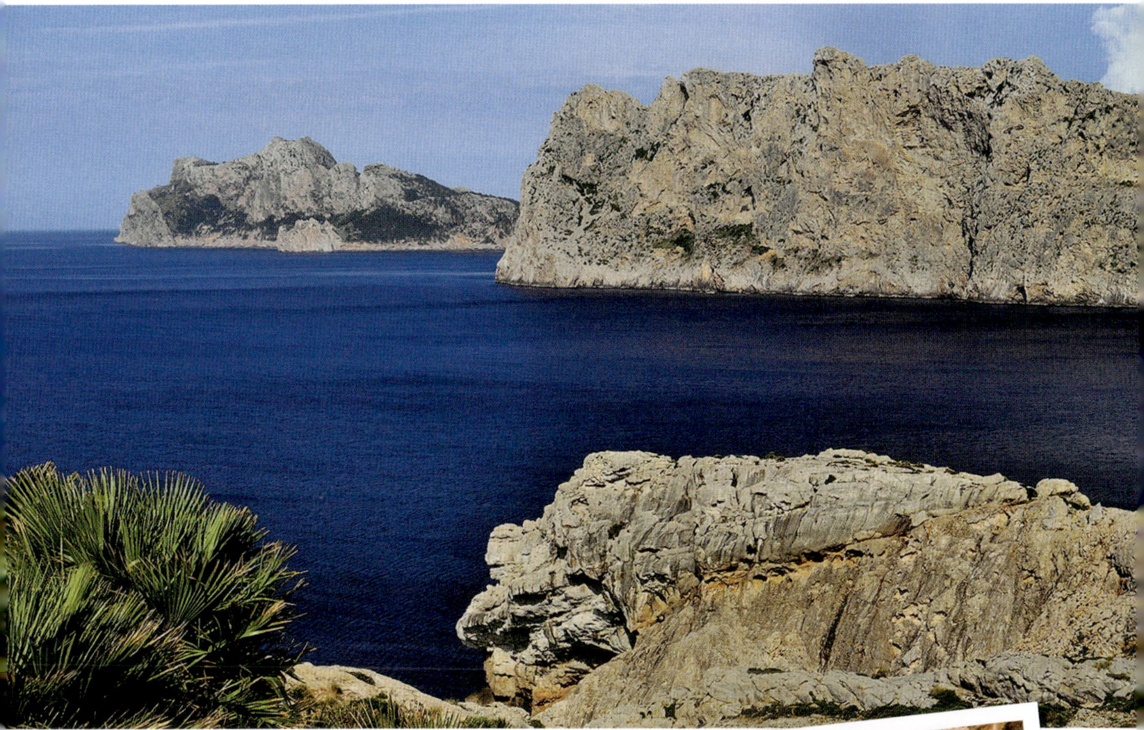

und Munitionsdepot dienten. Mit einer Taschenlampe kann man die gruseligen Gänge erkunden. Nach einem Rechtsknick fällt von oben durch den Geschützschacht ausreichend Licht, um sich ein Bild der alten Anlage zu machen.

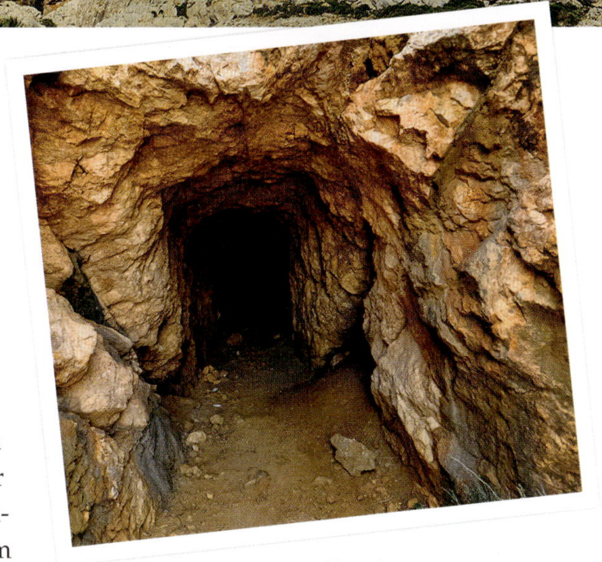

Kühl und ein wenig gruselig: alte Kavernen aus der Franco-Zeit

Ganz oben: Magisch ziehen die atemberaubenden Klippenlandschaften die Blicke auf sich.

Traumausblick vom Vorgipfel Nach der Besichtigung der Kavernen folgen wir der Schotterstraße noch kurz bis zu ihrem Ende. Hier beginnt ein schmaler Steig, der uns in gleichbleibender Richtung zur Halde führt, auf der der beim Kavernenbau angefallene Schutt abgeladen wurde. Der mit Steinmännern markierte Steig windet sich rechts in engen Kehren aufwärts zum Bergkamm, dem wir folgen. Vorbei an einer ehemaligen Geschützstellung erreichen wir schließlich einen großen Steinmann auf einem Vorgipfel des Puig de l'Àguila.

Der Blick reicht nun über die Bucht von Pollença zur Halbinsel von Alcúdia. In der Serra de Cavall Bernat ist das Felsloch el Forat auszumachen, und dahinter ragt der höchste Gipfel der Formentor-Halbinsel, der el Pal auf, der mit 400 Meter hohen Steilklippen zum Meer hin abbricht. Und im Westen schiebt sich das eigenwillig lang gestreckte Felsenkap der Punta Galera ins Meer. Wer sich eine kürzere Tour vorgenommen hat, der kann auf dieser aussichtsreichen Hügelkuppe getrost die Tour enden lassen.

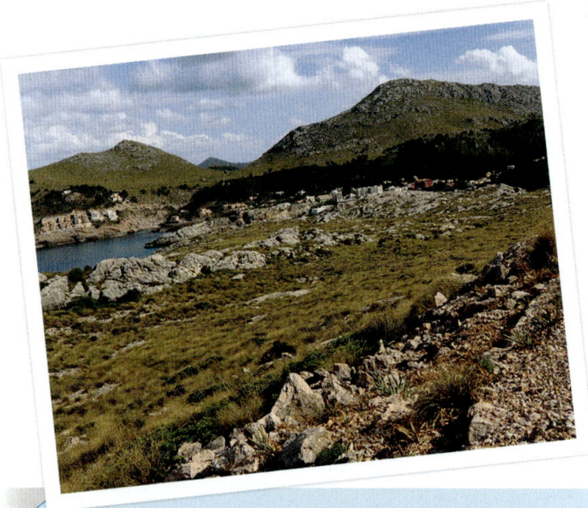

Am Anfang folgen wir einem breiten, herrlich aussichtsreichen Weg.

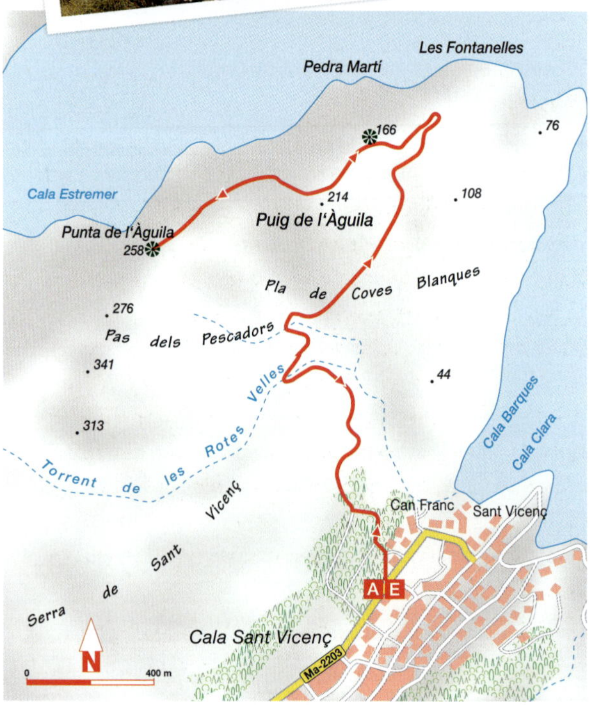

Auf den Klippenberg Punta de l'Àguila

Wir wollen aber noch ein Stück weiter den Bergkamm erkunden, der von hier nach Westen zieht. Die wenigen zusätzlichen Mühen werden mit atemberaubenden Blicken hinab zum Meer und zum einsamen Castell del Rei belohnt.

Der folgende Abschnitt ist aber teils weglos, und trotz zahlreicher Steinmänner sollte man ein wenig Orientierungssinn haben. Wir folgen den Steigspuren, die auf dem Bergrücken und durch einen Hang zur nächsten Hügelkuppe hinaufführen. Der höchste Punkt des wenig markanten Puig de l'Àguila bleibt links, und wir erreichen eine mit Dissgras bewachsene Ebene, von der aus wir zum ersten Mal unser Ziel, den Klippenberg Punta de l'Àguila, sehen können. Wir gehen hier rechts zu einem nahen Felsen, der von einem großen Steinmann gekrönt wird und von dem wir einen schönen Tiefblick auf das Meer haben.

Am Felsen mit dem Steinmann beginnt eine schmale, mit Steinmännern markierte rote Wegspur, die uns durch das Dissgras zum Fuß der Punta de l'Àguila bringt. Schräg ansteigend führt

uns der Steig durch den Hang aufwärts, und nach und nach kommen wir der oberen Hangkante immer näher.
Bei einem Steinmann erreichen wir schließlich den höchsten Punkt der Punta de l'Àguila (258 m), die auf der Rückseite mit atemberaubenden Steilwänden zur Cala Estremere abbricht. Hinter der lang gezogenen Felshalbinsel Punta Galera glitzert in der Cala Castell das Meer im Gegenlicht, und im Landesinneren ist das abgelegene Castell del Rei deutlich zu erkennen, das auf einem dunklen Steilfelsen steht. Im Osten reicht der Blick über die Buchten von Pollença und Alcúdia bis zu den Bergen auf der Llevant-Halbinsel bei Artà.
Vom Gipfel steigen wir nach der Rast auf dem gleichen Weg wieder ab und genießen den Blick auf die Felsberge der Serra del Cavall Blanc und der Formentor-Halbinsel, die im Abendlicht rot leuchten.

Unten: 250 m stürzen an der Punta de l'Àguila die Klippen senkrecht zum Meer hin ab.

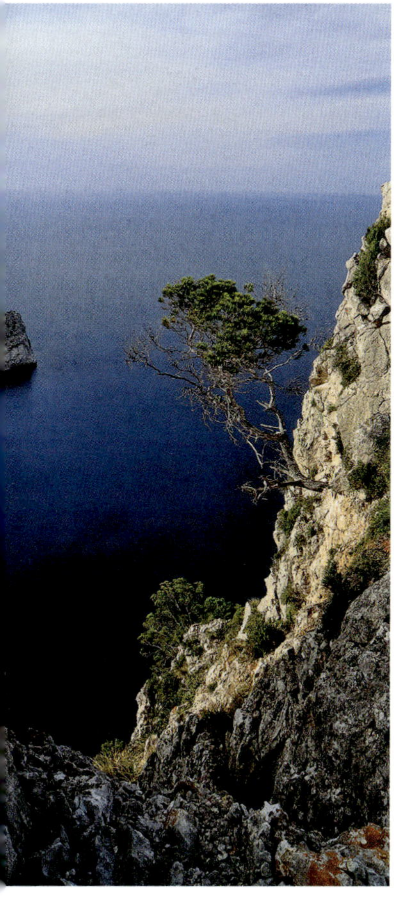

Das Castell del Rei – die königliche Burg

Von der Punta de l'Àguila bietet sich ein informativer Blick zum Castell del Rei, das in 470 m Höhe über der Cala Castell auf einem steilen Felsen aufragt. Möglicherweise entstand eine erste Festungsanlage schon in römischer Zeit, ganz sicher aber nutzten später die Mauren die uneinnehmbare Lage über der Nordküste für den Bau einer Burg. Nach der christlichen Rückeroberung wurde sie ab dem Jahr 1231 von König Jaume I. umfangreich ausgebaut. Über Jahrhunderte hinweg war die Burg ein wichtiges und oftmals umkämpftes Glied in der Verteidigungskette entlang der mallorquinischen Küste. Im 18. Jh. verlor sie ihre einstige Bedeutung und verfiel nach und nach zu einer Ruine.

Lange Zeit führte eine äußerst beliebte Wanderung zum Castell del Rei, die aber vom Grundbesitzer gesperrt wurde. Seit einigen Jahren ist der Weg wieder eingeschränkt begehbar – täglich dürfen nur 25 Wanderer, die sich einige Tage zuvor in den Touristeninformationen von Pollença oder Port de Pollença eine Genehmigung besorgt haben, die Wanderung unternehmen.

19 Durchs Vogeltal zur Traumbucht

Durch das Vall de Bóquer

Leicht | 5,5 km | 150 Hm | 2 Std.

Tourencharakter
Einfache Wanderung ohne große Höhenunterschiede, die durch ein beeindruckendes Tal zur Cala Bóquer führt. Die Mitnahme von Hunden ist nicht gestattet.

Markierung
Keine

Ausgangs-/Endpunkt
Parkplatz unterhalb der Finca Bóquer (39.913 / 3.084)

Anfahrt
Auto: Man folgt in Port de Pollença der zum Cap de Formentor ausgeschilderten Umgehungsstraße Ma-2210 bis zum großen Kreisverkehr bei Km 59,8. Hier zweigt die Kiesstraße hinauf zur nahen Finca Bóquer ab, an deren Beginn rechts ein Parkplatz liegt. Bus & Bahn: In Port de Pollença ist die Haltestelle »Moll«, die von zahlreichen Buslinien aus unterschiedlichen Richtungen bedient wird. Von dort folgt man der Strandpromenade an der Bucht entlang nach Norden und biegt nach 600 m vor einer gemauerten Mole links in ein gepflastertes Sträßchen, das nach 100 m geradewegs in die Avinguda de Bòcchoris übergeht. Über sie erreichen wir in ca. 15 Min. den großen Kreisverkehr an der Umgehungsstraße, an dem die Wanderung beginnt.

Karte
Kompass-Wanderkarte 1:75 000 Nr. 230 »Mallorca«

Einkehr
In Port de Pollença

Von Port de Pollença zieht sich das Vall de Bóquer zwischen gezackten Felsbergen zur malerischen Cala Bóquer. Berühmt ist das Tal für seine seltenen Vogelarten – so trifft man hier viele Vogelfreunde, die mit Ferngläsern und Fotoapparaten u. a. Mönchsgeier und Bienenfresser beobachten.

Durch das Vall de Bóquer Wir beginnen die Wanderung am Parkplatz neben dem Kreisverkehr am Rand von Port de Pollença. Über uns liegt auf dem Hügel unser erstes Ziel, die Finca Bóquer, hinter der das gleichnamige Tal zu erahnen ist. Wir folgen der als »Camí de Cala Bóquer« ausgeschilderten Kiesstraße, die uns in Kurven durch die Gärten bergauf führt.

Nach einem Tor erreichen wir die Finca Bóquer, die von einem mit Zinnen gekrönten Turm überragt wird. Wir gehen links um das Gebäude über den Vorplatz, von dem wir einen herrlichen Blick über die Landschaft genießen. Hier haben im Frühjahr häufig britische »Birdwatcher« ihre teuren Gerätschaften aufgebaut, um seltene Vogelarten zu beobachten und zu fotografieren.

Ein Tor entlässt uns auf der Rückseite der Finca in die freie Natur, und der Lärm der Stadt bleibt hinter uns. Der breite, steinige Wanderweg führt uns sanft aufwärts zu einem Durchlass zwischen zwei mächtigen, bizarr erodierten Felsen, die einstmals von den steilen Talhängen herabgestürzt sind und an denen heute Kletterer ihre Geschicklichkeit trainieren.

Der Weg zieht sich anschließend rechts des Talgrunds durch die offene Landschaft sanft bergauf. Markante Steilwände brechen an beiden Seiten von den felsigen Bergkämmen zur breiten, sanft geschwungenen Talmulde ab. Der gezackte Felsgrat der Serra del Cavall Bernat zur Linken und der wilde Bergkamm des el Morral rechts des Tals sägen mit ihren steinernen Schneidezähnen am strahlend blauen Himmel. Sie ragen jeweils 350 Meter auf, machen aber mit ihrer wilden Erscheinung einen viel höheren Eindruck.

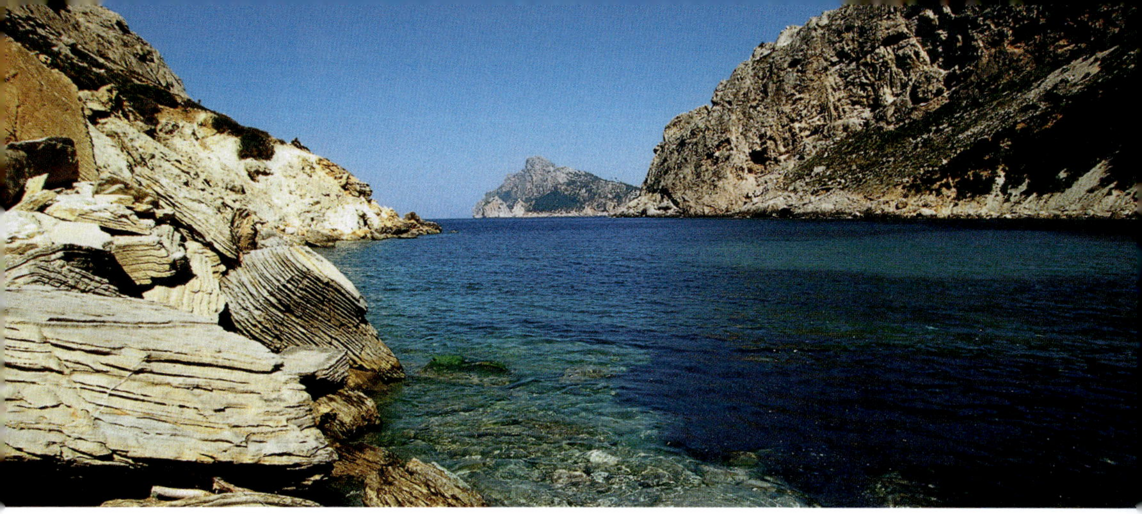

Wir passieren eine Steinmauer und erreichen kurze Zeit später am Coll del Moro den höchsten Punkt der Tour (85 m).

Wie Blätterteig sind die Felsen an der malerischen Cala Bóquer geschichtet.

Zur Cala Bóquer Geradewegs wandern wir nun sanft bergab auf die tief eingeschnittene Cala Bóquer zu. Der breite Weg bleibt weiterhin an der rechten Talseite und bringt uns zu einer Viehtränke, an der er sich in verschiedene Pfade aufspaltet. Links kann man direkt durch eine kleine Talfurche zum Meer absteigen. Schöner ist es allerdings, rechts haltend dem schmalen Pfad bis zu seinem Ende zu folgen.

Eine Wegspur führt uns schließlich etwas tiefer zurück zur Talfurche, durch die wir zum nahen Kiesstrand in der Cala Bóquer absteigen. Mit den vielfarbigen, gerundeten Steinen bietet die Bucht einen herrlichen Abenteuerspielplatz für Kinder. Und Erwachsene erfreuen sich an den eigenartig geschichteten Felsen und am Blick über die Bucht zum unnahbaren Felsberg el Pal, dem höchsten Gipfel auf der Formentor-Halbinsel, der mit 400 Meter hohen Steilwänden zum Meer hin abbricht.

Von der Bucht steigen wir wieder hinauf zum Coll del Moro. Für den Rückweg durch das Tal nehmen wir uns besonders viel Zeit und beobachten die Greifvögel, die als dunkle Schattenschnitte am blauen Himmel kreisen.

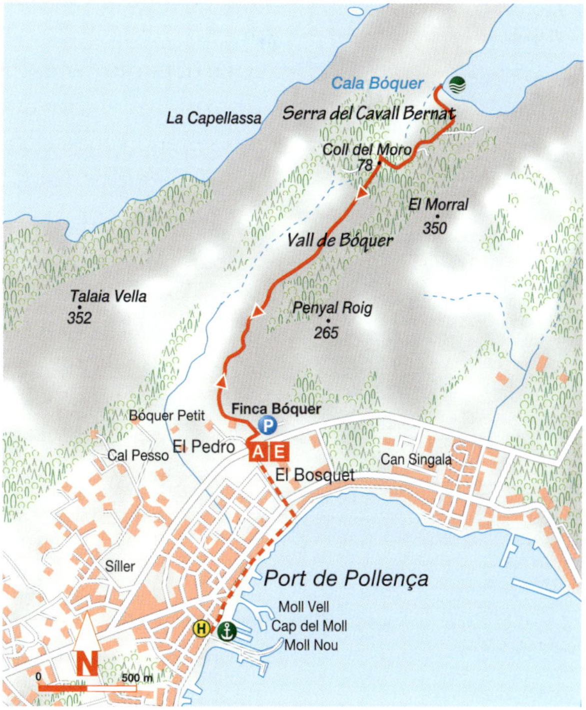

20 Einsamer Klippenberg auf der Formentor-Halbinsel

Von der Cala Figuera auf den Morro de Catalunya

Schwer	3 km	380 Hm	2.30 Std.

Tourencharakter
Anspruchsvolle Bergtour auf einen selten bestiegenen Gipfel, die mit wundervollen Ausblicken belohnt. Bis zum aussichtsreichen Klippensattel ist der schmale Steig problemlos zu begehen. Der steile Gipfelanstieg verlangt auf den felsigen Passagen Trittsicherheit und im weglosen Gelände einen guten Orientierungssinn.

Markierung
Steinmänner und teilweise rote Punkte

Ausgangs-/Endpunkt
Parkplatz über der Cala Figuera (39.949 / 3.172)

Anfahrt
Auto: Auf der Ma-2210 fährt man von Port de Pollença über die Formentor-Halbinsel. Nach dem Abzweig zum Formentor-Strand führt die Straße durchs bewaldete Landesinnere. Bei Km 12,9 zweigt links eine Schotterpiste zum großen Parkplatz »Cala Figuera« ab, an dem die Wanderung beginnt.
Bus & Bahn: Keine öffentlichen Verkehrsmittel

Karte
Kompass-Wanderkarte 1:75 000 Nr. 230 »Mallorca«

Einkehr
Keine

Am Fuß des mächtigen Felsbergs el Fumat liegt die fotogene Traumbucht Cala Figuera mit ihrem in allen erdenklichen Blau- und Grüntönen leuchtenden Wasser. Über der Bucht ragt der einsame Morro de Catalunya auf, der den schwierigen Aufstieg mit fantastischen Ausblicken belohnt.

Auf steilen Wegen zum Klippensattel Collet Am meerseitigen Ende des Parkplatzes beginnt an einer Bresche in der Steinmauer der Abstieg zur herrlichen Cala Figuera. Tief unter uns liegt die oft fotografierte Traumbucht; dahinter erhebt sich ein Bergkamm, der rechts mit dem markanten Gipfel des Morro de Catalunya abschließt. Der Verlauf der Tour von der Cala Figuera zum Sattel links des Gipfels und über den felsigen Bergrücken zum höchsten Punkt ist schon von hier aus in voller Länge einzusehen.

Vom Parkplatz führt der steile, nach Regenfällen recht rutschige Weg geradewegs hinab zur Cala Figuera. Nach einem steinigen Abschnitt nimmt das Gefälle ab, und links haltend erreichen wir die Aussichtsplattform an der Cala.

Gegenüber sind schon die Wegspuren zu erkennen, die uns oberhalb der Bucht durch ein Geröllfeld führen.

Wir steigen von der Plattform über Stufen zum Kiesstrand hinab, über den wir zu den bizarr verwitterten Felsen gehen. Vorbei an alten Bunkeranlagen und an Bootsanlegestellen erreichen wir das Schotterfeld, das wir auf einem der leicht ansteigenden Pfade queren.

Am Ende des Geröllfelds markieren am Rand eines steil abfallenden Bachbetts Steinmänner den Beginn des Anstiegs. Zur Orientierung sollte man hier kurz nach oben blicken: Links des Bachs zieht ein mit Dissgras bewachsener Hang nach oben, rechts werden einige Kiefern von einem markanten Felsturm überragt. Wir lassen uns nun nicht von Wegspuren und Steinmännern in den linken Hang locken, sondern folgen einem Steig, der links am

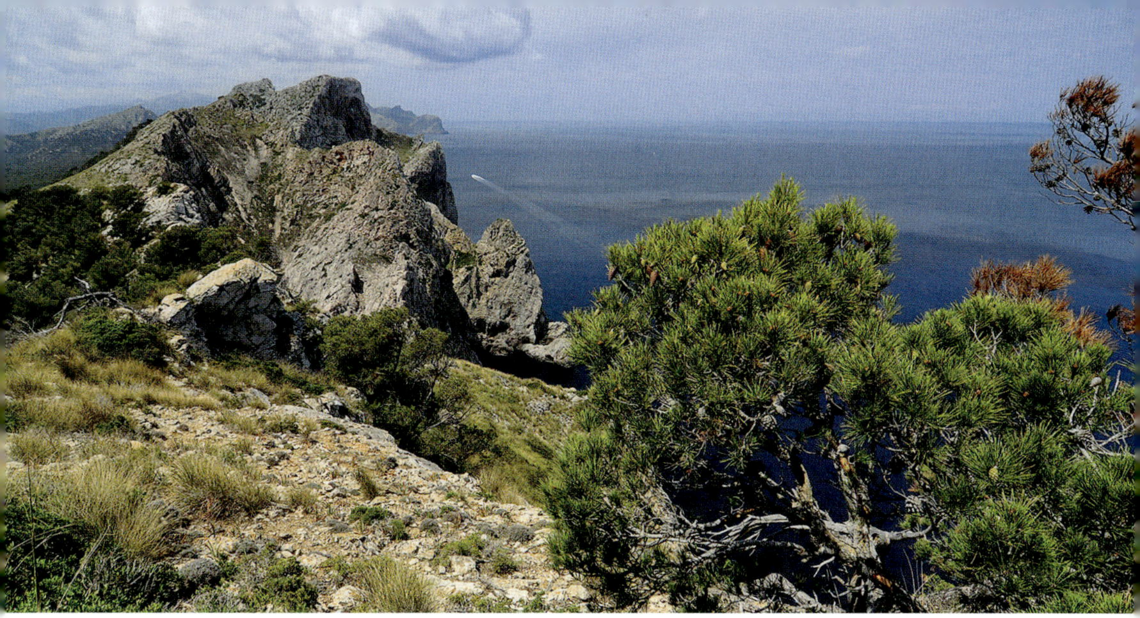

Die wilde und einsame Klippenküste an der Nordseite der Formentor-Halbinsel

Bachbett entlang nach oben führt. Auf Höhe des Felsturms zur Rechten wird dann das Bachbett gequert, und man steigt auf jetzt deutlichem Weg rechts der Talmulde aufwärts.

Wir folgen bald, geleitet von zahlreichen Steinmännern, einem schwach ausgeprägten Bergrücken bergan. Ein felsiger Aufschwung wird links umgangen, und der Weg führt uns links haltend in die Talmulde. Geradewegs geht es an Zwergpalmen vorbei durch dichtes Dissgras aufwärts zum Sattel Collet. Wer sich den steilen Gipfelanstieg nicht zutraut, kann den Sattel als herrlich aussichtsreiches Tourenziel wählen.

Jenseits fällt der Blick über wilde Steilklippen hinab in die kleine, weltabgeschiedene Felsbucht Cala les Artiges, die von einem Felsturm bewacht wird. Hinter der Cala Figuera setzt sich der Fumat mit überhängenden Steilwänden malerisch in Szene, unter denen die Autos in einem Tunnel verschwinden. Und an der Spitze der Halbinsel ragt der weiße Leuchtturm auf dem Cap Formentor auf 160 Meter hohen Steilklippen auf.

Die Formentor-Halbinsel

Als nordöstliche Verlängerung der Serra de Tramuntana streckt sich die gebirgige Formentor-Halbinsel 13 km weit ins Meer. Mit ihren malerischen Buchten, senkrechten Klippen und markanten Felsbergen zählt die Halbinsel zu den landschaftlichen Höhepunkten Mallorcas. Über die Landzunge schlängelt sich eine viel befahrene Ausflugsstraße zum 1862 erbauten Leuchtturm auf dem Cap Formentor, der fotogen am Rand senkrecht abfallender Klippen aufragt. Schon im 19. Jh. wurde ein erster Weg zum Leuchtturm angelegt, da dieser von See her kaum zu versorgen war. Damit er auch mit Lasten gut zu begehen war, vermied der Weg allzu steile Anstiege – er schwindelt sich bis heute, wie wir auf unserer Tour am Fumat (Tour 21) erleben, lieber in zahlreichen Kehren durch die Hänge.

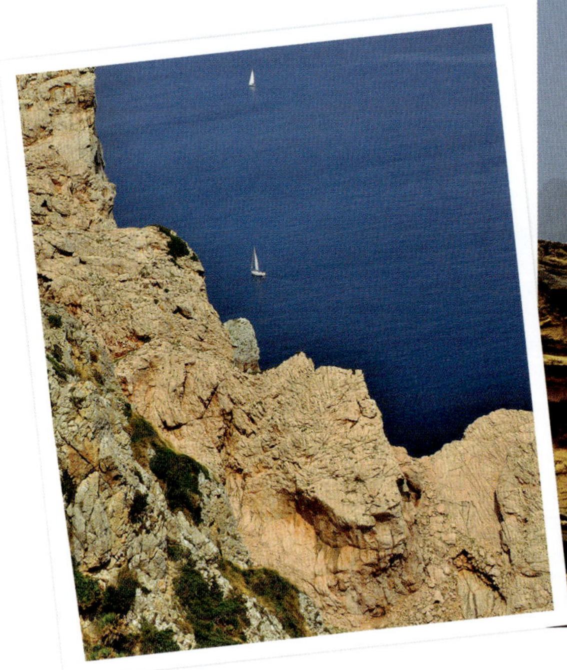

Tief unter dem Klippensattel Collet schippern Segelboote auf dem blauen Meer.

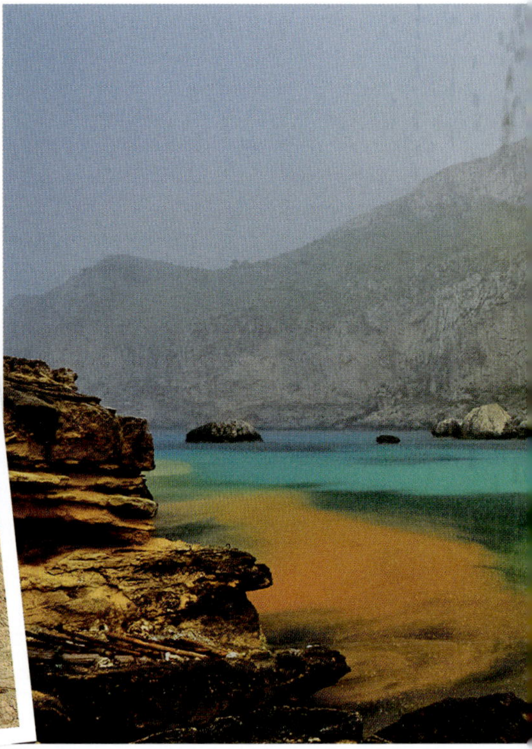

Schwieriger Gipfelanstieg zum Morro de Catalunya Wenige Meter unterhalb des Collet beginnt bei einem Steinmann und einem roten Punkt der Schlussanstieg zum Morro de Catalunya. Ab hier ist im teils weglosen Gelände ein gutes Gespür für die richtige Wegwahl gefragt.

Steinmänner leiten uns hinauf zum felsigen Bergrücken, der in Richtung Gipfel zieht. Wir folgen ihm ein kurzes Stück und müssen dann nach rechts ausweichen. Wir steigen so nahe wie möglich am Felskamm entlang aufwärts und erreichen bald plattige, auffällig gestreifte Felsen. Hier wird die Wegfindung schwieriger.

Wir steigen kurz über die gut zu begehenden Platten aufwärts Richtung Bergkamm und wenden uns bei einigen Steinmännern nach rechts. Wegspuren leiten uns in gleichbleibender Höhe zu einer nahen Kieferngruppe. Kurz nach einer mehrstämmigen Kiefer steigen wir bei mehreren Steinmännern schräg rechts über Felsenplatten und durch Dissgras knapp 100 Meter ab. Unterhalb der letzten kleinen Kiefern zur Linken wenden wir uns nach links und queren etwa 50 Meter durch das Dissgras zu den am

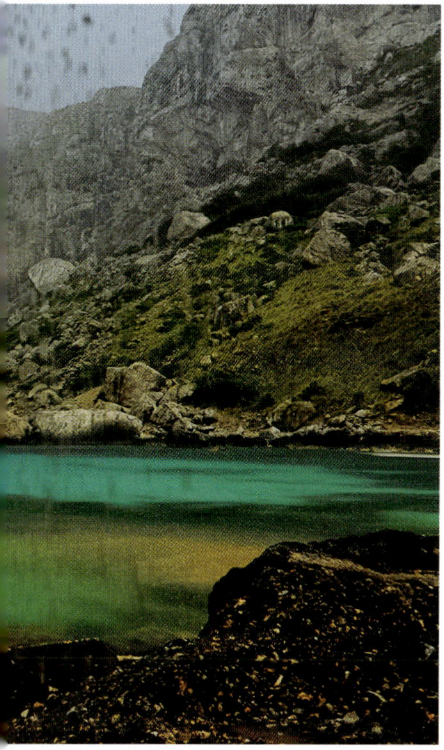

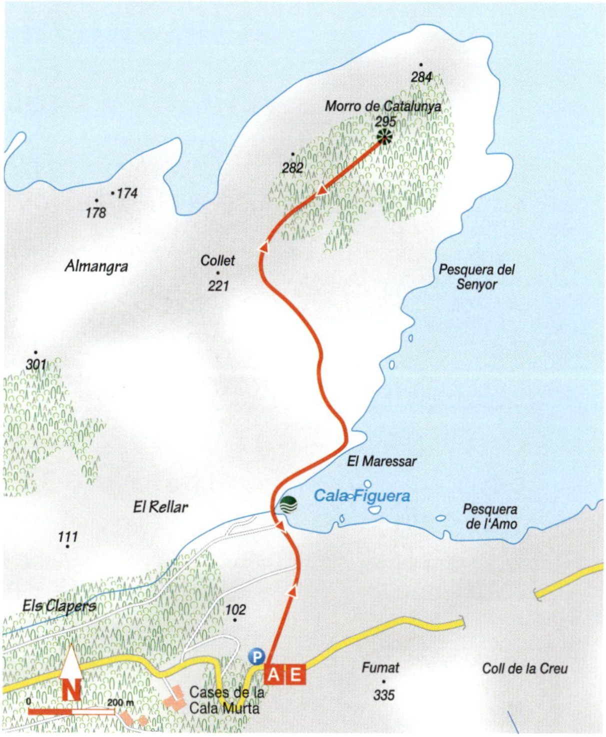

weitesten vom Grat herunterreichenden hellgrauen Felsen hinüber, hinter denen links eine steile Dissgraswiese wieder zum Bergkamm hinaufzieht. Am Rand dieser Wiese leiten uns auffällige Steinmänner an einer großen Kiefer vorbei aufwärts.

Der Steig wird immer deutlicher, und bald ist der Steinmann auf dem höchsten Punkt des Morro de Catalunya erreicht. Hier oben bietet sich eine fantastische Rundumsicht: Eindrucksvoll sind die Blicke auf die wilden Berge und Klippen der Formentor-Halbinsel; große Teile der Ostküste mit den weit geschwungenen Buchten und gebirgigen Halbinseln sind zu überblicken, und die riesige Zentralebene Mallorcas verliert sich in der dunstigen Unendlichkeit. Im Westen türmen sich hinter dem Klosterberg Puig de Maria die Gipfel der Serra de Tramuntana, und im Osten reicht bei klarer Luft die Sicht bis zur Nachbarinsel Menorca. Nach der Gipfelrast steigen wir auf dem bekannten Weg wieder ab. Schon im Aufstieg hatten wir uns immer wieder umgedreht und uns den Abstiegsweg genau eingeprägt – so wandern wir ohne Orientierungsprobleme wieder hinab zur herrlichen Cala Figuera.

Links: Überhängende Felsen bieten in der Cala Figuera Schutz vor einem Unwetter.

21 Stille Bucht und wilder Felsberg

Die Cala en Gossalba und der Fumat

Leicht / Schwer	3 km / 5 km	180 Hm / 350 Hm	1.15 Std. / 2.45 Std.

Tourencharakter
Die kurze Variante zur Cala en Gossalba verläuft auf einem steinigen, aber gut zu begehenden Steig und ist auch problemlos von Kindern zu meistern. Die Variante über den imposanten und aussichtsreichen Felsberg el Fumat ist teils steil und weglos, und am Beginn des Anstiegs ist eine kurze, ungefährliche Kletterstelle zu überwinden.

Markierung
Steinmänner und verblasste Farbpunkte

Ausgangs-/Endpunkt
Kleiner Parkplatz an der Formentor-Straße (39.954 / 3.189)

Anfahrt
Auto: Von Port de Pollença fährt man auf der Ma-2210 über die Formentor-Halbinsel. Knapp 1 km nach dem Fumat-Tunnel erreicht man kurz nach einem Bergkamm bei Km 14,9 links der Straße den kleinen Parkplatz, an dem die Tour beginnt. Am Parkplatz lohnt sich ein kurzes Warten, da die meisten Autofahrer nur schnell für ein Foto anhalten. Bus & Bahn: Keine öffentlichen Verkehrsmittel

Karte
Kompass-Wanderkarte 1:75 000 Nr. 230 »Mallorca«

Einkehr
Keine

Über die Formentor-Halbinsel führt eine grandiose Panoramastraße zum Leuchtturm am Cap Formentor. Wir lassen die Straße hinter uns und genießen die Ruhe einer einsamen Bucht. Wer will, kann von dort aus dem Felsberg El Fumat aufs aussichtsreiche Haupt steigen.

Variante 1: Abwärts zur Cala en Gossalba

Kiefern, Steinmauern, Felsen – und eine Traumbucht Direkt gegenüber der Parkbucht beginnt ein deutlicher Pfad, der in einer sanft geschwungenen Talmulde abwärts läuft. Er führt uns nach kurzer Strecke in einen Schatten spendenden Kiefernwald. Der alte, teils von Steinmauern gestützte Weg läuft mal links, mal rechts des meist ausgetrockneten Bachs Canal de Cala en Gossalba bergab. Der Weg wird nach und nach steiler und steiniger, doch schon bald sehen wir auf das grün schimmernde Meer hinab. Wir folgen dem Steig oberhalb der Bucht kurz nach rechts und steigen dann über Stufen zu glatten Felsplatten ab. Die einsame Bucht lädt im Sommer zu einem Bad im kristallklaren Wasser ein. Bis hierher ist der Weg auch gut mit Kindern zu meistern. Wer den schwierigen Aufstieg zum Fumat vermeiden möchte, wandert nach einer Pause direkt wieder zur Parkbucht an der Formentor-Straße hinauf.

Variante 2: Zum wilden Felsberg El Fumat

Am Torrent de les Agulles entlang Geübte Wanderer, die die Tour noch etwas ausdehnen wollen, queren nun, von verblassten Farbpunkten und Steinmännern geleitet, wenige Meter oberhalb der Wasserlinie rechts durch den felsigen Hang. Wir erreichen eine benachbarte Bucht mit einem kleinen Kiesstrand, in die ein Bachlauf mündet, und folgen dem Bachbett des Torrent de les Agulles nach rechts zu einer glatten Wandstelle, die wir rechts umklettern müssen.

Die schwierigste Stelle der Tour liegt nun hinter uns. Für den weiteren Anstieg gibt uns der Bachlauf die Linie vor, und Stein-

männer bestätigen uns immer wieder, dass wir auf dem richtigen Weg sind. Über flache Felsplatten und Steinblöcke erreichen wir zwei Kiefern unterhalb einer Felswand, in der sich eine Grotte auftut. Der nun etwas deutlichere Pfad läuft teils direkt im Bachbett bzw. weicht wenige Meter nach rechts oder links aus.
Vor uns baut sich die Südflanke des Fumat auf, und die Stützmauern des alten Leuchtturmwegs sind deutlich auszumachen. Das Tal weitet sich nach oben hin zu einer breiten Grasmulde, und geleitet von Steinmännern steigen wir auf Ziegenpfaden links des Bachs zur Militärstraße hinauf.

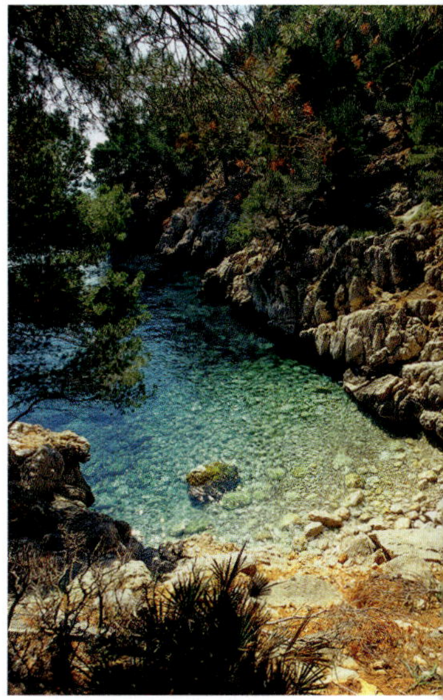

An diesem Kiesstrand in der Cala en Gossalba beginnt der Anstieg zum Fumat.

Zum höchsten Punkt des El Fumat Auf ihr wandern wir nun in sanft ansteigenden Serpentinen bis zu einer Wegkreuzung auf einem aussichtsreichen Sattel. Links zweigt hier der rot markierte Steig zum Gipfel des Fumat ab, der über den Ostkamm aufwärts führt. Anfangs rechts des felsigen Grats und zum Schluss die Gipfelfelsen links umgehend, erreichen wir das Vermessungszeichen auf dem höchsten Punkt des El Fumat (335 m), von dem sich eine berauschende Aussicht bietet: Nach Osten streckt sich der Felsfinger der Halbinsel zum Leuchtturm auf dem Cap Formentor, neben dem sich Menorca am Horizont abzeichnet; im Süden spannt sich die weite Bucht von Pollença, und im Westen ragen die Gipfel der Serra de Tramuntana in den Himmel. An der Nordseite bricht der Fumat mit atemberaubenden Steilwänden, auf die wir am Weiterweg einen Blick werfen können, zum blau-grün leuchtenden Wasser der Cala Figuera hin ab.
Vom Gipfel steigen wir wieder bis zum Abzweig auf dem Sattel ab und folgen dort dem alten, mauergestützten Weg links hinab Richtung Formentor-Straße. Nach einigen Serpentinen quert sie unterhalb der Steilwände der Roca Blanca leicht fallend einen Grashang. Kurz bevor wir auf dem zunehmend verwachsenen Weg den Bergkamm erreichen, hinter dem sich unser Ausgangspunkt versteckt, steigen wir links zur nahen Formentor-Straße ab, folgen ihr über den Bergkamm und erreichen nach wenigen Hundert Metern wieder die Parkbucht an der Ma-2210.

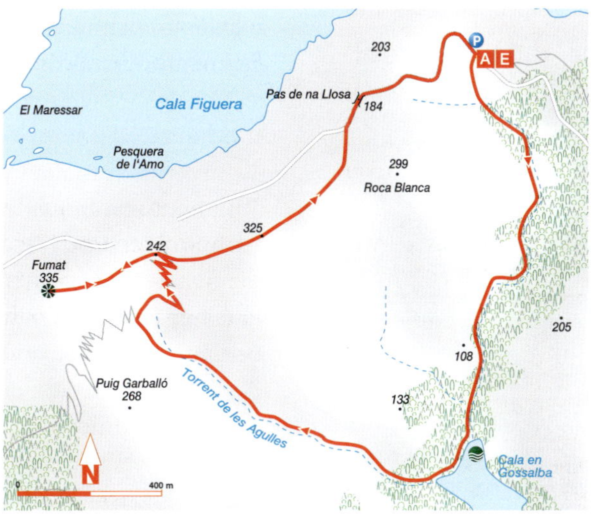

22 Auf der Halbinsel von Alcúdia

Mirador Penya des Migdia und Talaia d'Alcúdia

Mittel	4 km	230 Hm	2 Std.
Leicht	4,5 km	310 Hm	2 Std.

Tourencharakter
Die Wanderung zum Mirador Penya des Migdia verläuft großteils auf einfach zu begehenden Wanderwegen. Die letzten, teils mit einer Eisenkette gesicherten Meter zum Mirador verlangen etwas Schwindelfreiheit. Der Aufstieg vom Mirador zur Penya Roja (auf einigen Karten Penya Rotja) sollte nur von erfahrenen Bergwanderern unternommen werden. Eine Gipfelalternative bietet der Puig des Romani. Zur Talaia d'Alcúdia gelangt man auf einem Forstweg; nur der Schlussanstieg zum Gipfel verläuft auf einem gut angelegten steinigen Bergsteig.

Markierung
Wegweiser und Farbpunkte

Ausgangs-/Endpunkt
Parkplatz an der Ermita de la Victòria (39.873 / 3.171)

Anfahrt
Auto: Man folgt von der Straße, die um die Altstadt von Alcúdia herumführt, der Beschilderung Richtung Mal Pas bzw. Bon Aire. Von dort geht es an der Küste entlang auf der zur Ermita de la Victòria ausgeschilderten Straße bis zum Ausgangspunkt. **Bus & Bahn:** Keine öffentlichen Verkehrsmittel

Karte
Kompass-Wanderkarte 1:75 000 Nr. 230 »Mallorca«

Einkehr
Restaurant an der Ermita de la Victòria

Von Alcúdia streckt sich eine gebirgige Halbinsel, auf der wir diese beiden Touren unternehmen, zum Cap Pinar und trennt die riesigen Buchten von Pollença und Alcúdia. Die erste Wanderung führt zu einem atemberaubenden Aussichtspunkt, die zweite auf den höchsten Gipfel der Halbinsel.

Variante 1: Zum Mirador Penya des Migdia und zur Penya Roja

Atemberaubender Weg quert hoch über dem Meer Wir beginnen die Tour am Parkplatz vor dem Ausflugslokal an der Ermita de la Victòria. In der 1678 erbauten und seither immer wieder veränderten Klosterkirche wird eine wundertätige Madonna verehrt. Das Kloster geht auf einen Eremiten zurück, der Ende des 14. Jahrhunderts hier in einer Höhle lebte. 1403 ließ der Bischof von Palma die ersten Gebäude errichten, die im 16. Jahrhundert von den Karmeliten übernommen wurden.

Wir wandern vom Parkplatz auf einer mit einem Schlagbaum gesperrten Forststraße durch den Wald aufwärts. Nach gut 10 Minuten zweigt kurz nach einer Rechtskehre links ein Wanderweg ab, auf den wir abbiegen. Er führt uns in sanftem Auf und Ab durch den Wald. Achtung: Nach Regenfällen kann der erdige Steig recht rutschig werden. Dafür entschädigt er aber mit herrlichen Panoramablicken zu den Formentor-Halbinseln und den Felstürmen rund um die Penya Roja.

Der atemberaubende Weg quert hoch über dem Meer durch zunehmend steilere Hänge. Bald geht es unter einer überhängenden Felswand hindurch, und nach einem Steilhang erreichen wir eine Wegkreuzung. Rechts führt hier ein Abstecher zum Puig des Romani, der sich auf dem Rückweg für all jene anbietet, denen der Aufstieg zur Penya Roja zu steil und zu gefährlich ist.

Zum Wachturm der Penya des Migdia Unser Weiterweg läuft jedoch erst einmal geradewegs an der Ostflanke des Bergkamms

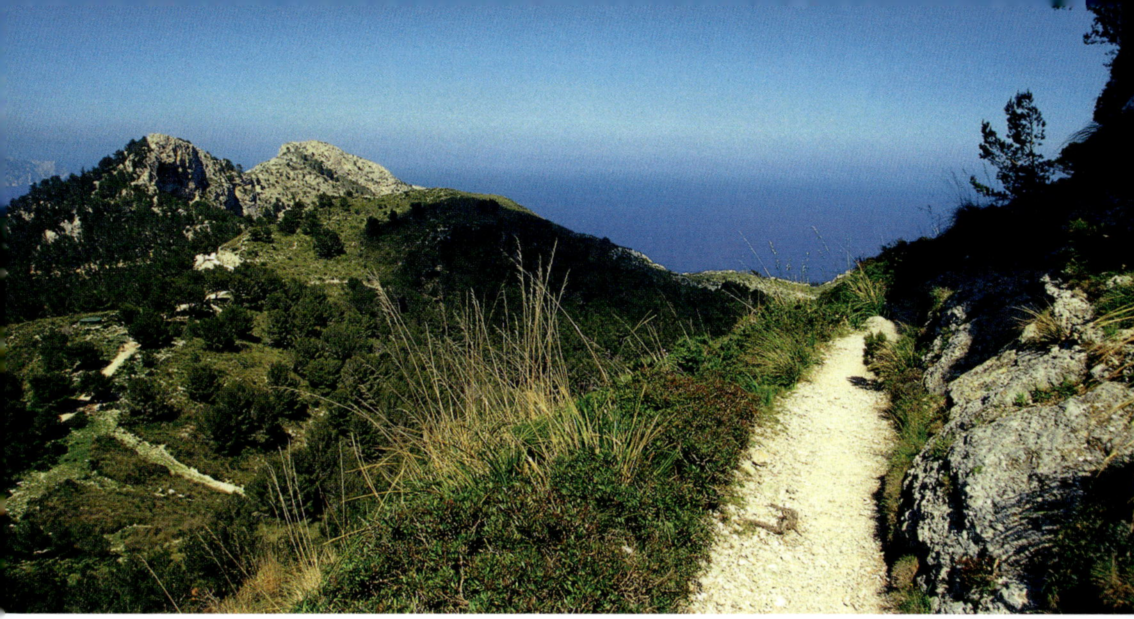

Ein gut angelegter Wanderweg führt auf den Gipfel der Talaia d'Alcúdia.

entlang (Wegweiser »Penya des Migdia«). Leicht fallend führt uns der Weg auf einem Felsband, das links steil zur Küste hin abbricht, unter überhängenden Felswänden entlang.

Wir erreichen einen breiten, mit Bäumen bewachsenen Absatz, und wenige Meter vor uns liegt jetzt eines der eindrucksvollsten Beispiele alter mallorquinischer Wegbaukunst: Wie ein Schwalbennest klebt der 400 Jahre alte Wachturm der Penya des Migdia an den senkrechten Felsen. Ein schwindelerregend schmales Weglein und ein enger Durchlass führen uns in den Wachturm. Jenseits entlässt uns eine zweite Pforte auf einen ausgesetzten, teils mit Geländer und Ketten gesicherten Steig. Er leitet uns durch die Steilflanke und über einige Stufen ins Innere der alten Wehranlage. Ein alter Schmelzofen, Baracken und eine kleine Zisterne erinnern an die Wachmannschaften, die hier seit dem 16. Jahrhundert stationiert waren. Der Blick schweift über den Ostteil der Halbinsel hin zu den Weiten des Meeres. Von hier aus waren Feinde, die sich vom Meer her näherten, schon lange vor ihrer Ankunft zu sehen.

Das malerische Alcúdia

Alcúdia gilt als die älteste Stadt auf Mallorca, die schon unter phönizischer und griechischer Herrschaft ein blühendes Gemeinwesen hatte. Die Römer machten sie unter dem Namen Pollentia (die »Mächtige«) zur Hauptstadt Mallorcas. Im 5. Jh. wurde sie von den Vandalen zerstört und später dann von den Mauren wieder aufgebaut. Sie gaben ihr den Namen al Kudia (»der Hügel«), den sie bis heute trägt. Nach der christlichen Rückeroberung wurde Alcúdia ab dem 13. Jh. zum Schutz vor Piraten mit den mächtigen Mauern umgeben, die bis heute die sehenswerte, denkmalgeschützte Altstadt bewachen. Die trutzige Pfarrkirche San Jaime war einst Eckpfeiler dieser Befestigung und besticht heute mit sehenswerten Kunstwerken.

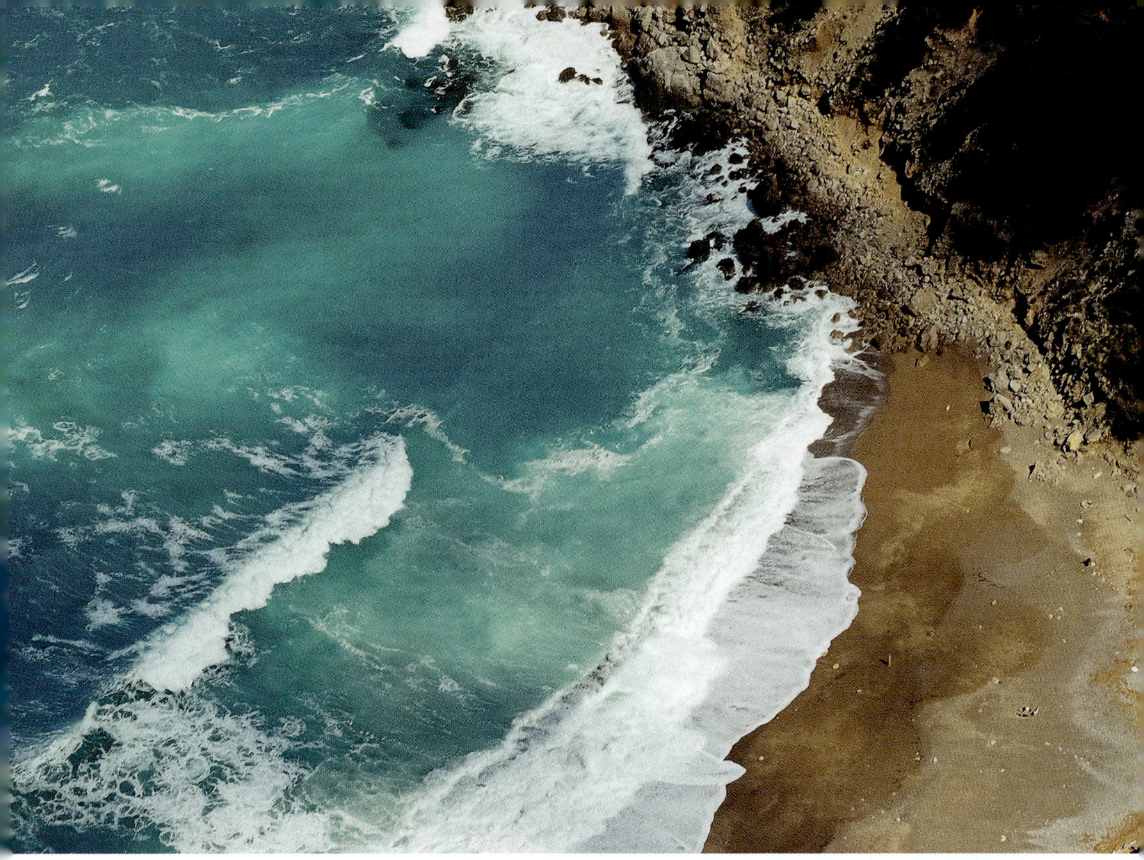

Tief unter der Talaia d'Alcúdia liegt die Platja des Coll Baix.

Schwieriger Abstecher auf die Penya Roja Der Anstieg auf den Kanonenberg beginnt rechts am alten Unterstand der Wachmannschaften. Im Zickzack führt uns der teils etwas ausgesetzte Steig, der mit Steinmännern und Farbpunkten markiert ist, über den felsdurchsetzten Hang zu einem Gratabsatz mit den Resten eines alten kuppelförmigen Brennofens hinauf. Über die steilen Gipfelfelsen steigen wir zur Plattform mit der 1630 aufgestellten Kanone auf dem höchsten Punkt der Penya Roja (354 m) hinauf, von wo sich ein fantastischer Panoramablick bietet. Vom Gipfel geht es wieder hinab zum Mirador Penya des Migdia.

Rückweg mit Abstecher zum Puig des Romani Vom Mirador wandern wir auf dem bekannten Weg zurück Richtung Ermita de la Victòria. Nach 10 Minuten erreichen wir die Kreuzung, an der man links hinauf einen einfacheren Gipfelabstecher zum Puig des Romani unternehmen kann (zusätzlich 30 Min.). Der Wegweiser weist hier auf einen Steig, der steil in eine Scharte nördlich der Penya Roja hinaufführt.
Man wendet sich nach rechts und folgt den Steigspuren, die teils links des felsigen Bergkamms, teils direkt auf ihm bergauf füh-